Sumár__

Prefácio ix

Agradecimentos x

Introdução xi

    Onde a psicologia e os preços do mercado de ações se interceptam ... xi

1. EMOÇÕES & FALHAS COMUNS xiv

Emoções Perigosas 15

    Conta real versus demonstração 16

    Emoções podem governar a operação 17

    Paralisia por excesso de analise 17

    Reconheça suas emoções 18

    Excitação/Ansiedade 18

    Tédio 19

    Frustação 21

Os Inimigos Mortais 22

    Medo 25

    Ganância 26

    Ignorância 27

    Esperança 28

Os 9 piores erros de negociação que você pode cometer 29

    Negociar muito (*over-trading*) 31

    Arriscando muito 31

    Pensar demais 32

Arrogância 32

Leitura de Muitos sites de notícias e comerciais 33

Perdido (não ter nenhuma estratégia ou plano) 34

Não ter um plano de risco e gestão de dinheiro 35

Prestar muita atenção a notícias 36

Não educar-se em relação à forma de negociação 36

Você está negociando com um coração de leão ou de frango? ... 38

As emoções que podem trair o Trader 42

Efeito Bandwagon 44

Reunião 44

Polarização 45

Efeito Avestruz 46

Viés de Resultado 47

Excesso de Confiança 47

Viés de Auto reforço 48

Os seres humanos não são feitos para serem traders rentáveis 49

2.   DICAS E SOLUÇÕES PARA VENCER 50

Dez recomendações para vencer no mercado 51

Educar-se 52

Detalhes 53

Demos não é o Bastante 53

Consistência 54

Não vá pela cabeça dos outros 55

Não invente moda 56

Não pule a etapa da Conta Demo 56

Tenha calma 57

Frieza e sistêmico 58

Probabilidade 58

Como se tornar um trader de elite instantaneamente 60

Insights sobre a mentalidade de super Traders 61

Decisões psicoemocionais 62

A Importância das Regras de Negociação 63

Criando um plano de negociação 64

Recuperando foco em tempos de adversidade 65

Déficit de atenção e estar presente 66

Conheça os seus pontos fortes.......................67

Buscando risco? 68

Fazendo círculos menores 68

Maneiras de melhorar a sua rotina de Trading.......................... 70

Tenha pelo menos 7 horas de sono de qualidade por noite...............72

Comece o dia com um pequeno-almoço saudável 73

Faça exercícios serem um hábito 74

Ter passatempos / vida social (evitar tornar-se um viciado em negociação)...........................74

Comece o seu dia de negociação à noite, ou antes, da semana começar 75

Pense positivo..........................75

Domine sua estratégia de negociação 76

Aprenda a amar a rotina da disciplina................. 77

Pense 'simples' 77

Yoga, meditação e day trader 78

3.   CONSELHOS DOS MESTRES 82

Jesse Livermore..........................83

Quem foi Jesse Livermore 84

Recomendações 84

W.D. Gann 88

Quem foi W.D. Gann 89

Regras de Gann...........................89

Legado de Gann 93

Richard Wyckoff..........................99

Quem foi Richard Wyckoff 100

Regras de Wyckoff...........................101

Modelo de Mercado segundo Wyckoff...................103

Mercado de Tendência 103

vii

Exemplos de Mercado em Tendência.................................. 106

Ed Seycota **108**

Quem é Ed Seycota 109

Regras de Seycota 110

Sistema com médias moveis:... 111

Bruce Kovner **112**

Quem é Bruce kovner 113

Legado e prêmios... 114

Regras de Bruce 115

Posfácio **116**

Sobre o Autor **118**

Próximo Passo **119**

Notas de Referência **121**

Prefácio

Neste volume da coleção Universidade do Trader, exploraremos, as emoções que todo negociante de bolsa de valores, Forex, e commodities, passa ao estar trabalhando com dinheiro nesses mercados, são muitas emoções envolvidas nesse processo, iremos estudar as que podem trair o negociante, falhas frequentes que a maioria comete quando está negociando, e como supera-las, estas podem destruir a carreira e o pior o capital dos investidores, com mais este volume da série pretendemos preencher uma área importante da formação de um trader vencedor, costumo dizer a psicologia é tão importante quanto aprender os padrões gráficos, como muitos especialistas já identificaram os mercados são extremamente emocionais, desta forma é fundamental o domínio deste campo, então aproveite mais este livro da série, tenho certeza que após a leitura estará mais próximo de sua formação na *Universidade do Trader*!

Boa Leitura.

Sandro Santos

Agradecimentos

Agradeço a minha família que sempre está comigo em todos os momentos da minha vida, e que são o sentido de minha vida, aguentando em certos momentos um pequeno mau humor quando as coisas não vão bem ou quando algum projeto não caminha como desejado, mas no final tudo da certo, com perseverança, fé e determinação para nunca desistir dos objetivos.

Também deixo um abraço especial para você meu leitor, e que espero ajudar em seus objetivos com meu trabalho, conhecimento pesquisa, saiba que todo esforço que fiz neste livro foi para ajudar-lhe, pouco ou muito independente de seu nível de conhecimento na matéria deste livro, então siga em frete e absorva mais este conhecimento, e siga em frente, "nunca desistindo".

Introdução

Para você entender a importância de fortalecer sua psicologia moldando-a de forma que esteja preparado para os momentos críticos. Veja este caso que ocorreu no mercado de ações na época da crise das empresas de tecnologia, por volta do ano 2000. Você entenderá que estando centrado pode evitar de entrar na "loucura" e irracionalidade que em alguns momentos ocorrem nos mercados financeiros, ou melhor dizendo não são em alguns momentos, mais isso é frequente e vem se repetindo ao longo de muito anos de história no mercado de capital.

Onde a psicologia e os preços do mercado de ações se interceptam

O campo emergente das finanças comportamentais analisa como os desvios das premissas racionais padrão podem ter efeitos importantes sobre os preços das ações.

No auge da loucura pontocom quando a Palm Inc. se separou da controladora 3Com Corp., seu IPO em 2 de março de 2000 desencadeou um estouro de investidores ansiosos que se aproximaram da ação. Quando a poeira baixou no final do dia, o valor da Palm superou sua controladora, ultrapassando até mesmo titãs como Ford Motor Co. e General Motors Corp. Os observadores do mercado de ações coçaram a cabeça e se perguntaram por que os investidores não compraram ações da 3Com como rota mais barata para Palm.

"A 3Com detinha 94% da Palm", aponta Ming Huang, professor associado de finanças da Stanford GSB, que conduziu pesquisas no emergente setor de finanças comportamentais. "No entanto, a Palm estava negociando tão alto logo após o IPO que o valor da 3Com era muito menor que o da Palm. Isso não fazia o menor sentido."

Na academia, os economistas financeiros tiveram dificuldade em explicar esse e outros comportamentos superaquecidos nos meses frenéticos que levaram ao estouro da bolha das empresas pontocom. O preço altamente irracional das ações da Internet - especialmente no IPO - não se enquadrava na abordagem tradicional do estudo dos mercados financeiros, que pressupõe que os mercados são sempre eficientes e os participantes sempre racionais. A visão tradicional de que o "dinheiro inteligente" no mercado aproveitará os erros e as fraquezas humanas e, assim, levará os preços de volta ao equilíbrio não poderia explicar o julgamento coletivo falho de uma ampla base de investidores e seu impacto nos preços das ações.

Os economistas financeiros sabem há muito tempo que, em ambientes laboratoriais, os seres humanos com frequência cometem erros sistemáticos e escolhas que não podem ser explicadas pelos modelos tradicionais de escolha sob incerteza". Até recentemente, a maioria dos pesquisadores acreditava que esses erros ou desvios da racionalidade não tinham um impacto significativo nos preços dos mercados financeiros. Agora, muitos de nós estamos dispostos a considerar que alguns dos fenômenos comportamentais descobertos em laboratório podem afetar o preço nos mercados financeiros.

A questão é: quais comportamentos? E mais importante: como eles afetam os preços? Estas são as questões que estão no centro das finanças comportamentais.

1. EMOÇÕES & FALHAS COMUNS

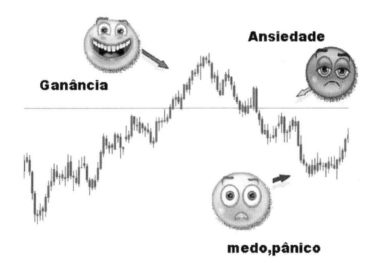

Emoções Perigosas

Todo operador negociando no mercado financeiro, independente qual seja seu mercado, estará sujeito a um turbilhão de emoções, positivas e negativas, e algumas podem ser extremamente perigosas e destrutivas.

As emoções estão, sem dúvida, entre os fatores mais influentes para os operadores e negociantes, como você lida com emoções de sua negociação determina se pode ou não ser rentável no longo prazo.

Vamos analisar as emoções e os impactos causados psicologicamente que os negociantes têm de lidar em uma base diária e como eles podem gerir as emoções na negociação de forma mais eficaz.

Neste capitulo você conhecerá as três mais críticas que você deve dominar, digo dominar, pois elimina-las, é algo quase impossível, e é da própria natureza humana, o importante é saber conviver com elas, controla-las e minimizar seu impacto, no dia a dia em seu trabalho como trader. Comesse por domina-las e você estará no caminho certo e do sucesso.

Conta real versus demonstração

Quando novos traders dão o salto de suas contas de demonstração para a negociação com dinheiro real, eles entram no passo mais difícil de sua iniciação à negociação: a psicologia comercial.

Em outras palavras, embora possa ser fácil negociar quando o risco de perda não existe, quando os dólares reais do negociante são jogados na mistura, seu foco e objetivo mudam.

Frequentemente, os traders que usam contas virtuais sentir-se-ão relativamente confortáveis mesmo quando o mercado move-se contra suas posições. Isso lhes permite manter o foco em seu objetivo de preço e esperar que o mercado mova-se na direção certa.

Porque há poucas consequências ligadas ao "dinheiro virtual", a emoção pessoal não interfere. Infelizmente, quando as ações de um trader vêm a afetar o ganho ou a perda de seus próprios recursos "reais" e pessoais, esse trader é menos provável de comportar-se de uma maneira tão metódica.

Emoções podem governar a operação

As emoções podem ser vistas como os piores inimigos do trader; Muitas vezes levam a erros de julgamento e perda.

Os sentimentos geram um comportamento ilógico em algum momento, e os instintos primitivos podem dominar a razão.

Paralisia por excesso de analise

Paralisar por ficar analisando muito é um fenômeno interessante em que os traders ficam tão apanhados em estudar tudo sobre um potencial investimento, eles nunca realmente puxam o gatilho para executar a ordem.

Neste caso, o que acontece frequentemente é que o investidor vai constantemente questionar todos os pequenos detalhes encontrados na análise, numa tentativa de analisar perfeitamente uma situação.

Esta é uma tarefa verdadeiramente irrealizável, que pode impedir um negociante tanto de fazer ganhos monetários e de ter ganhos em experienciais por entrar no mercado.

Uma ampla gama de outras emoções pode governar a mente de um operador, mas a coisa mais importante para qualquer participante no mercado é reconhecer estas emoções.

Reconheça suas emoções

Todos os negociantes experimentarão pelo menos uma emoção perigosa, mas os melhores negociantes aprendem a reconhecê-las, compreendê-las e neutralizá-las.

Este processo constitui a base da formação de qualquer trader.

Portanto, se você quiser se tornar um operador bem sucedido, você deve primeiro passar algum tempo conhecendo-se e as armadilhas que tende a cair.

Um trader hábil tende a ter um forte desejo de dominar suas emoções e impedi-las de afetar seu desempenho.

Excitação/Ansiedade

Qualquer toque de excitação quando se está na negociação é um sinal de que em algum lugar no decorrer de suas operações, você errou. Estando muito ansioso quando você estiver com uma operação aberta no mercado, muitas vezes é um sinal de que a sua posição é muito grande, você quebrou as regras do seu sistema de negociação, ou que você não deveria estar no comércio.

Manter o controle de seu nível de excitação passa por se perguntar por que você se sente ansioso ou animado, muitas vezes esse alto questionamento pode ajudá-lo a sair de operações onde você não deveria estar em primeiro lugar, se você está percebendo alguns destes sentimentos, é hora de realizar o pit-stop e analise-se.

Tédio

O *tédio* é um sentimento do ser humano entendido como um estado de falta de estímulo, ou do presenciamento de uma ação ou estado repetitivo.

Embora o tédio seja mais um estado atual do que uma emoção vale a pena apontar isso. Os negociantes que estão se sentindo entediados, muitas das vezes isso pode ser um sinal de falta de foco. Uma forma de identificar essa falta foco é quando você se encontra passando pelos mesmos instrumentos e prazos (gráficos) uma e outra vez sem realmente saber o que está procurando. Quando você perder entradas de operações, porque não estava prestando atenção, navegando na internet, pelo Facebook, YouTube, etc., ou fazendo outra coisa é um sinal de que seu foco não está onde deveria estar.

O melhor é colocar suas prioridades em linha reta e quando você estiver negociando, não deve se envolver em quaisquer outras atividades, "**foco total**".

Frustação

Frustração é muitas vezes a causa de erros nas operações que resultam de qualquer uma das emoções mencionadas anteriormente.

Quando os traders perdem negócios, violam as suas regras e perdem dinheiro, podem estar se arriscando muito e acabam perdendo muito dinheiro, ou veem o que eles deveriam ter feito, a partir daí a frustração começa a assumir e se intensificar em sua mente.

A frustração em seguida, reforça todos os maus padrões de comportamento negativo que um trader luta de qualquer maneira e intensifica os problemas existentes.

Você precisa desenvolver maneiras de como identificar as emoções que estão impactando no seu comportamento de negociação, de modo que possa controlar e gerenciá-las de forma mais eficaz evitando erros desnecessários, que podem arruinar seu dia se estiver trabalhando como day trader, ou pior ainda, até sua conta de negociação.

Nunca se esqueça! tenha um *trade system* [i] *que é o* sistema de negociação, e não saia dele mantenha-se fiel 100% das vezes, só mude quando ele começar a falhar muito, nesse momento você pode reavaliar, fazer backtests, identificando se o mercado está mudando de comportamento, mas ao contrário mantenha-se em linha com esse sistema.

Os Inimigos Mortais

Existem milhares de pessoas que compram e vendem ações especulativamente, mas o número daquelas que especulam lucrativamente é pequeno.

Como o público sempre está, de certa forma, "DENTRO" do mercado, ele sofre prejuízo o tempo todo, porque não sabe quando parar, e ainda quando não entrar nele.

Os inimigos mortais de quem negocia, são:

– Ignorância, ganância, medo e esperança, estes são os principais, mas temos outros e claro. Vamos entender melhor estes inimigos nas próximas linhas, antes vamos analisar um pouco o senário.

Todos os códigos civis do mundo e todas as regras de todas as bolsas do planeta não podem eliminar esses inimigos da raça humana. Acidentes que destruíram planos cuidadosamente elaborados também estão fora do alcance dos regulamentos criados por grupos de economistas ou filantropos de bom coração. Ainda existe outra fonte de prejuízos, ou seja, a *desinformação* deliberada apresentada como dicas honestas.

E por ela ser capaz de se aproximar de um operador de mercado, com vários disfarces e camuflagens, é a mais traiçoeira e perigosa de todas. – O típico negociante amador, negocia confiando tanto em dicas quanto em rumores, verbais ou impressos, explícitos ou implícitos. Contra as dicas comuns, você não pode se defender. Por exemplo, um amigo de infância sinceramente deseja que você fique rico ao lhe dizer o que ele fez, ou seja, vender ou comprar alguma ação. Sua intenção é boa. Se a dica estiver errada, o que você pode fazer? Contra o informante trapaceiro ou profissional, o público também está desprotegido da mesma forma que está das falsificações ou das adulterações. Mas contra os rumores típicos de mercado, o público especulador não tem nem proteção nem restituição. Atacadistas de ações, manipuladores, grupos e indivíduos adotam vários artifícios para auxiliá-los a se desfazer de suas ações pelos melhores preços.

A circulação de notícias otimistas por meio dos jornais e mídia é a mais perniciosa de todas. – Pegue os recortes das agências de notícias financeiras de qualquer dia e você ficará surpreso ao ver tantas declarações implícitas de natureza semioficial são publicadas.

"A autoridade é algum principal acionista", ou "um importante diretor" ou um "alto funcionário" ou "alguém com autoridade" que aparentemente sabe do que está falando. – Tipo: "Um grande banqueiro diz que ainda é muito cedo para esperar por um declínio do mercado". Será que um grande banqueiro realmente disse isso e, se for verdade, por qual motivo? Por que ele não permite que seu nome seja publicado, Ele teme que as pessoas acreditem, se o fizer?

E para fechar... – Com a exceção de todas as análises inteligentes sobre especulação, o operador de mercado deve considerar certos fatos relacionados com o "jogo". – "Além de tentar determinar a forma de GANHAR dinheiro", a pessoa também deve tentar evitar "PERDER dinheiro". – É quase tão importante saber o que não deve ser feito quanto saber o que deve ser feito. – Portanto, é bom lembrar que algum tipo de manipulação está presente em praticamente todos os avanços de ações individuais e que tais avanços são arquitetados por insiders[ii], com um único objetivo: vender/comprar com o melhor lucro possível. – As informações que criam valor são cuidadosamente mantidas fora do alcance do público.

Medo

Junto com a ganância o medo é um dos piores inimigos do negociante de bolsa de valores e Forex, ele é uma das emoções mais frequentemente na negociação (ganância é o que vem a seguir). Medo manifesta-se de várias maneiras no mercado e pode ser a causa de muitos erros de negociação. O medo de perder faz os traders permitirem atrasar o fechamento de uma operação negativa, que depois se transforma em perdas muito maiores, e o medo de devolver os lucros fazem os operadores fecharem operações ganhas muito cedo e não respeitar seu método de operação. Há muitas facetas do medo na negociação, como veremos mais tarde.

Quando a tela de um trader está pulsando vermelho (um sinal de que os instrumentos estão caindo) e más notícias vem sobre uma determinada ação ou o mercado em geral, não é incomum o trader ficar com medo. Quando isso acontece, ele pode exagerar e se sentir compelido a liquidar suas participações e pegar o dinheiro ou se abster de assumir quaisquer riscos. Agora, se ele fizer isso ele pode evitar algumas perdas - mas também vai perder os ganhos.

Os operadores precisam entender o que é o medo - simplesmente uma reação natural ao que eles percebem como uma ameaça (neste caso, talvez, para o seu lucro ou dinheiro potencial). Quantificar o medo pode ajudar. Ou eles podem ser capazes de lidar melhor com o medo, ponderando o que eles estão com medo, e por que eles estão com medo dele.

Ponderando esta questão antes do tempo e sabendo como eles podem instintivamente reagir ou perceber certas coisas, um trader pode esperar isolar e identificar esses sentimentos durante uma sessão de negociação e em seguida, tentar se concentrar em esperar passar a emoção. Claro que isso pode não ser fácil, e pode ser necessário prática, mas é fundamental para a saúde do capital de um investidor.

Ganância

Ganância é supostamente boa até um certo ponto, mas quando olhamos para os fatos, a ganância muitas vezes provoca uma série de decisões de negociação impulsivas que devem ser evitadas. Os negociantes que são influenciados pela ganância muitas vezes não aderem aos princípios de risco e de boa gestão do dinheiro. Ganância também reforça a mentalidade de jogo que descreve a negociação sem regras definidas e com base em decisões impulsivas.

Há um velho ditado em que diz "porco *são abatidos*". Esta ganância em investidores faz com que eles se agarrem a posições vencedoras por muito tempo, tentando obter cada último centavo de lucro.

A ganância não é fácil de superar. Isso é porque dentro de muitos de nós parece haver um instinto tentando sempre fazer melhor, para tentar obter apenas um pouco mais. Um negociante deve reconhecer esse instinto, se estiver presente, e desenvolver planos baseados em decisões de negociação racionais, e não sobre o que equivale a um capricho emocional ou potencialmente instinto prejudicial.

Ignorância

Este item está ligado, porque tantos traders amadores perdem dinheiro por muito tempo, tem relação a negar a necessidade de se educar e se preparar antes de saltar direto na negociação ao vivo no mercado e com dinheiro real.

Todas as áreas do conhecimento exigem preparação, treino e horas de simulação, antes de assumir um posto.

Na atividade de trader não é diferente, você precisa ter uma base teórica dentre outros fatores, antes de sair entregando seu dinheiro de forma tão fácil para aqueles que estão altamente preparados no mercado, os grandes bancos, fundos de hedge, investem alto na preparação dos operadores, e em muito conhecimento, diante desse senário, você acha mesmo que pode vencê-los, sem conhecer as regras do jogo?

Se for por este caminho será preza fácil para os grandes tubarões, como no jargão do mundo financeiro dizem *"os tubarões comem as sardinhas"*.

Esperança

Esperança, medo e ganância muitas vezes vêm de mãos dadas. Os negociantes que estão em uma posição perdedora muitas vezes mostram sinais de esperança, quando eles atrasam a realização de uma perda e dão a um negocio mais espaço para respirar. Outro exemplo de esperança é quando os traders tentam compensar as perdas do passado e, em seguida, entram em uma negociação com uma posição que é muito grande e não de acordo com as suas regras pré-estabelecidas, somente na tentativa de recuperar o prejuízo, que vai leva-lo a outras falhas subsequentes.

Os 9 piores erros de negociação que você pode cometer

Como trader você vai cometer erros, é inevitável e faz parte do processo de aprendizagem. No entanto, se você continuamente faz os mesmos erros repetidamente, isso significa que você não está aprendendo com eles e provavelmente não faz nenhum progresso, como resultado. Isto é o que você quer evitar, porque é como os traders que perdem mais dinheiro do que eles estão dispostos a perder, e evaporam as contas de negociação em segundos. O primeiro passo para aprender com seus erros de negociação para que você possa evitá-los no futuro, é identifica-los.

Depois de identifica-los, você tem que admiti-los e aceitar que você é realmente o culpado; não são os mercados que são muito voláteis, não são eventos de notícias e não é o seu corretor. Você, e somente você, é o responsável por seus erros de negociação e da sua conta, então a seguir vamos identificar os 9 piores erros que os traders fazem, para que você possa começar a trabalhar em eliminá-los de uma vez por todas, e sobreviver no mercado.

Negociar muito (*over-trading*[iii])

Negociação com muita frequência é o número um na lista por uma boa razão. É basicamente o erro que mais ocorre entre os negociantes e mais destrutivo, uma e outra vez. Você deve estar ciente de que é extremamente fácil negociar quando você provavelmente não deveria, e é tão fácil de fazer que muitos traders não estão mesmo cientes que eles estão fazendo isso. A maneira mais fácil de evitar o excesso de negociação é dominar sua estratégia de negociação é algo que você só pode alcançar através da autodisciplina, e um fator ainda pior nesse excesso de negociação é que só estará alimentando corretores com taxas, spreads (no caso do Forex), e quando for analisar sua conta no final do mês, são saiu do lugar, e pode ter até encolhido.

Arriscando muito

Arriscando muito dinheiro em uma operação significa que você está arriscando uma quantidade de dinheiro que está desconfortável e com potencial de perda elevado. O problema

31

com isso é que quando perder mais do que você está confortável, dói emocionalmente. Esta dor emocional ou frustração geralmente é um catalisador para ao negociação vingativa, que é quando está tão irritado ou decepcionado por uma perda que você se sente compelido a pular de volta no mercado para tentar recuperar o dinheiro que perdeu. Infelizmente, esta não é a maneira correta de negociar e geralmente, só vai levar a mais perdas e um sentido mais profundo de arrependimento, raiva e frustração, que só funciona para perpetuar o ciclo de negociação emocional.

Pensar demais

Se há uma profissão que presta a autos sabotagem por pensar demais, é a negociação. No final do dia, a negociação é realmente muito simples, mas nossa mente torna isso mais complicado.

Deve ser tão simples como: está presente o meu sinal de negociação? Se sim, em seguida, devo avançar e decidir sobre o tipo de entrada, stop-loss[iv], tamanho do lote, etc. Se não, então não entro no mercado, vou fazer outra coisa e fecho o computador, é simples não ?, sim é, mas quando você está indeciso e não confiante, para cada passo fica pensando e analisando todas as possibilidades e assim, passa tanto tempo e gastando energia nesse processo.

Arrogância

Este é um grande, realmente "um grande problema". Tornando-se arrogante ou ter excesso de confiança, depois de um uma operação vencedora ou até uma série de negociações ganhas é muitas vezes o que acontece antes do trader deslizar em uma enorme série de derrotas.

Porque você diz isso?

É muito simples. Isso tem a ver puramente com a psicologia e como o mercado nos afetar. A maioria não estão cientes de que está se tornando confiante ou 'arrogante' demais, quando esta negociando, até que seja tarde demais.

O sentimento irá se desenvolver sobre você sutilmente; ele vai começar como otimismo (isso é bom), mas que rapidamente se transforma em cobiça (já não é tão bom), e uma sensação de que você está 'ganhando mais', então por que não manter a operação e ganhar mais, e mais, e muito mais, e cada vez mais. Esta percebendo?

Bem, isso é bom se há realmente uma operação para abrir que atenda as suas condições de plano de negociação.

No entanto, o problema é que quando você começar a encontrar outros negócios, onde normalmente não teria. Seu senso de risco no mercado está entorpecido por sua ganância e você perde todo o dinheiro que ganhou recentemente (e talvez mais), porque deixa o seu excesso de confiança obrigá-lo a saltar de volta para o mercado sem um sinal de alta probabilidade da ação do preço *price action* ^vestar presente.

Leitura de Muitos sites de notícias e comerciais

A sobrecarga de informação é o que eu chamo. É quando você tentar absorver muita informação sobre a negociação, muitas estratégias, sistemas, reportagens etc.

Todas essas informações podem e tornar um vicio em seu próprio direito. Você sente 'necessidade' para aprender mais e mais e absorver mais informação, porque você acha que vai lhe dar alguma vantagem sobre outros negociantes ou que ele vai "mostrar" algumas oportunidades de negociação que você não ver de outra forma.

Na realidade, todos estes tipos de comportamento vão confundi-lo e levando-o a abrir operações estúpidas, também conhecidas como excesso de negociação, como discutido anteriormente.

Você precisa esquecer todas as informações na internet e em outros lugares. Você não precisa delas. É um desperdício de seu tempo e energia. Tudo o que você realmente precisa é estar em sintonia com o mercado, aprendendo a ler o preço a partir do *price action*. Esta é toda a informação que você precisa para analisar, até mesmo os indicadores são supérfluos.

Perdido (não ter nenhuma estratégia ou plano)

Especialmente se você é arrogante como discutido acima, é extremamente fácil de acabar o jogo no mercado rapidamente.

"Outra coisa é operar sem uma estratégia ou margem de negociação, muitos negociantes pensam que podem apenas 'ala-cadabra" e realmente não precisa realmente aprender a negociar, bastando apenas ver alguns vídeos aleatórios do YouTube, ou pegar algumas "dicas" no Facebook, com aquele guru que posta suas operações vencedoras.

No entanto, se não tem um método de negociação real,

idealmente que você aprendeu com um professor credível / mentor ou pelo menos em um curso e livros com uma metodologia, você não tem a preparação para negociar com alta probabilidade de que você precisa para prosperar ou mesmo sobreviver no mercado.

Há um velho ditado sobre casinos, que a 'casa sempre vence'. Isso significa que o cassino vai sempre ganhar no final, se você tratar a negociação como um casino, o mercado e os outros operadores vão sempre ter o seu dinheiro no final.

Não ter um plano de risco e gestão de dinheiro

Talvez um dos erros mais comuns que eu vejo os negociantes fazerem uma e outra vez, é não ter qualquer tipo de plano ou estratégia para gerenciar seus riscos e sua recompensa, estude mais sobre (risco: recompensa).

Você precisa ter um plano prático que diz quanto dinheiro você vai arriscar por operação, em termos de dinheiro, não em pips[vi] (no caso do forex) ou percentagens. Este montante **1R** dólares que você arriscar por operação não deve ser ultrapassado a qualquer momento no mercado, nunca!.

Uma vez que você exceder esse limite de perda, quebrou as regras e violou a sua disciplina além de abrir-se a todos os outros erros de negociação listados neste capítulo. Veja que todos esses erros de negociação estão interligados uns com os outros, cometendo um é bem provável que cometa muitos outros.

Você também precisa de um plano para gerir as suas recompensas no caso de começar a vencer no mercado. Como eu já disse antes, não deixe todo o seu dinheiro em sua conta de negociação. Uma boa regra de ouro é tirar pelo menos 50% de seus lucros a cada mês até que você cresça sua conta a um nível que queira. Uma vez atingido esse nível, tome todo lucro a cada mês. Tire algum desse dinheiro do seu banco e mantenha-o em suas mãos você é muito menos propenso a cometer erros estúpidos de negociação quando o dinheiro se sente mais real para você.

Prestar muita atenção a notícias

Notícias é na maior parte lixo para a negociação, e como se costuma dizer, lugar de lixo é no lixo. Eu não posso te dizer quantos artigos e opiniões no canal de financeiras ou na internet que vi ser claramente estarem errados. As pessoas que produzem estas notícias são pagas para produzir opiniões constantemente, não para estarem certas.

Afinal se eles sabiam o que estavam falando, provavelmente estariam operando, não formando opiniões. Confie em si mesmo, confie em seu 'instinto', e bloqueie todos os outros que vem de fora. Comunicados de imprensa financeira, também são em grande parte irrelevante. Você vai ficar louco tentando descobrir o que "pode" ou "não pode" acontecer com a liberação do próximo NFP[vii]. Ou qualquer outro. No final do dia, o preço da ação "Price Action", reflete todas as variáveis de mercado e é tudo que você precisa.

Não educar-se em relação à forma de negociação

Atuar como Trader é um esforço muito solitário, e muitas pessoas acreditam que podem descobrir por conta própria como fazer isso ou que eles não precisam de verdadeiramente educação/formação. No entanto, isso não poderia estar mais longe da verdade.

O que estamos é arriscando o nosso dinheiro suado para potencialmente obter lucro, mas também podemos perder dinheiro em qualquer operação se não souber o que está fazendo. Então, eu não sei sobre você, mas eu quero proteger meu dinheiro, tanto quanto possível e eu quero saber o que estou o fazendo antes de negociar ou colocar meu dinheiro em risco. Obtive conhecimento de varias fontes, livros, estudos, muita leitura fundamental e prática. Até formar minhas opiniões e meu próprio ponto de vista dos mercados.

Nada é 'Concreto' na negociação, mas você precisa ter um ponto de partida e uma educação sobre um método eficaz para começar o caminho para o sucesso. Depois com o tempo vai ter seu próprio ponto de vista dos mercados. Que determinará como você negocia e seu estilo, tenha uma mente aberta e disciplinada.

Você está negociando com um coração de leão ou de frango?

      A questão não é tanto se você está negociando como um leão ou um frango; tem mais a ver como você está gerenciando suas operações.

A questão que se coloca neste título é claro, uma metáfora. Metáforas estão presentes nos padrões de fala de praticamente todas as línguas do planeta. Metáforas encarnam a essência de um comunicado através de símbolos e/ou imagens que para a maioria das pessoas ajuda-os a entender o conceito; e elas são muito poderosas quando bem usadas.

Na verdade, as metáforas são utilizadas tanto que muitas delas não são imediatamente identificadas como metáforas. Considere estas metáforas: sua carta na manga, o seu calcanhar de Aquiles, receber de volta na sela, da bola no seu campo ou para virar a esquina. Estas são apenas algumas das milhares de metáforas que são usadas todos os dias em linguagem comum que a maioria entende imediatamente ao ponto de nem mesmo reconhecer que uma metáfora está presente no dialogo.

Então, o que metáforas têm a ver com a sua negociação? Bem, como vai ver, tem muito.

Metáforas podem ser bastante favoráveis, inspiradoras e motivador ou elas podem ser até perturbadoras, irritantes e destrutivas para o seu desempenho. Como símbolos, elas derivam de modelos mentais profundos sobre auto, vida, bom, mau, ganho e perda, para citar alguns. Considere a frase: "O mercado está contra mim." Esta frase pode envenenar a sua percepção do mercado e, mais importante, frases como essa podem impactar negativamente como você reage às situações, pode gerar crenças limitantes e envenenar seu inconsciente.

Por exemplo, quando alguém diz, "Para que vou entrar no mercado? só para ele me pegar", eles estão se preparando para o fracasso ao aceitar uma noção de que eles têm pouco poder de realizar suas negociações. O que você diz a si mesmo determina como você se sente e como você se sente é o que acaba fazendo. Quando você usa uma poderosa frase rica de imagens que está ligada a suas crenças limitantes e a maioria dos padrões internos sobre sua capacidade ou "incapacidade" para ter sucesso, você está criando uma barreira entre você e os resultados que deseja.

A fim de criar uma mudança substantiva é importante para identificar e reconstruir as metáforas subjacentes que impulsionam suas histórias sobre você, suas habilidades e os mercados. Por exemplo, se você disse: "Eu sou um idiota, porque eu perdi está operação!", quais as emoções que você pode sentir?

Indiscutivelmente, pode sentir raiva e frustração. As emoções negativas como essas não promovem ações positivas. Elas roubam-lhe o vigor e a capacidade de acompanhar, através de suas regras enquanto se concentra no que mais importa na operação, isso vai impedi-lo de obter os resultados que deseja. Por outro lado, se usar metáforas positivas que estão motivando-o, elas vão ajudar a estabelecer as respostas para situações de negociação através de imagens e símbolos edificantes que estão ligados a crenças fundamentais e positivas.

E sobre a metáfora, "*Eu negocio com o coração de um leão?*", Esta metáfora tem relação de como como você se sente. Suas emoções são, provavelmente, bem diferente quando diz a frase: "Eu sou um idiota, porque eu perdi esta operação." Tudo isso tem haver como inflar sua capacidade de criar mudanças em seu modo de pensar. Descobrindo metáforas negativas e transformando-as você se coloca em um *fast-track* de fazer as coisas de forma diferente e, portanto, obter resultados diferentes.

O uso de quaisquer e todos os recursos para dar-se uma vantagem. Você deve pensar de forma diferente, a fim obter resultados diferentes. Isso significa torna-se consciente e usar metáforas poderosas que o estimulem e eleve sua autoestima, por isso inclua afirmações positivas.

Torna-se autoconsciente é fundamental para o seu desenvolvimento como um trader e garantir que está negociando com seu lado maior e melhor e em seus melhores e mais altos interesses.

As emoções que podem trair o Trader

Negociar nos mercados, qualquer que seja é difícil, é algo que os traders já sabem, mas não são comprovados os efeitos psicológicos que explicam por que a mente humana não é feita para esta atividade. A seguir, vamos explorar e tentar entender sete dos fenômenos psicológicos mais populares, o que eles significam para os traders e como estar ciente deles quando você interagir com outros traders e com esse mundo hostil que muitos entram para ganhar dinheiro mas só os persistentes sobrevivem.

Efeito Bandwagon

O efeito <u>Bandwagon</u> descreve o fenômeno da probabilidade de uma pessoa adotar uma crença aumenta com base no número de pessoas que têm essa crença. Isto significa que, se mais pessoas compartilham certa crença, mesmo que seja uma crença errada; é mais provável que as outras pessoas vão concordar e também aceitar ideias e suposições de um grupo.

Na negociação: Se você for um membro de um grupo no Youtube ou *facebook* de negociação, ler tópicos em fóruns de negociação ou apenas trocar ideias com outros traders é mais propenso a pensar que as estratégias de negociação que são populares e amplamente discutidas devem ser rentáveis, mesmo sem ver qualquer sinal de prova.

Por isso é muito importante como um trader estar ciente do fato de que quando você lê fóruns de negociação ou conversar com outros traders, você nunca sabe da outra pessoa, suas intenções e suas habilidades.

Reunião

Em geral: Reunião explica o efeito que as pessoas tendem a reunir-se, especialmente em tempos de incerteza ou quando as coisas ficam difíceis. Se você tem que enfrentar uma decisão difícil ou tem que lidar com uma situação que você não pode explicar, você olha para as outras pessoas e imita o seu comportamento. A lógica é que um grupo, especialmente um grupo grande, não pode estar errado ou enganado facilmente, isso é extremamente perigoso, se um for para o precipício todos vão, também tem relação com o efeito manada.

Na negociação: Existem dois efeitos negativos para os traders através de um comportamento de pastoreio. Primeiro, o conceito "reunião" pode ser a razão para a criação de bolhas financeiras.

Quanto mais e mais pessoas falam sobre um determinado investimento, todo mundo tende a acreditar que é uma "coisa certa", porque "muitas pessoas não podem estar erradas". E segundo, se os negociantes não conseguem entender o desenvolvimento de um mercado, eles se reunirão em conjunto para chegar a certas explicações aleatórias ou apenas concordar unanimemente que "os mercados são estranho e irracionais". Esta ignorância e ilusão de entendimento levará a novas decisões erradas e depois culpando os mercados em vez de enfrentar os próprios erros.

Polarização

Em geral: A informação polarizada descreve a tendência de buscar informações, quando isso não muda o resultado de uma determinada situação - mais informações nem sempre é melhor.

Na negociação: As Informações polarizadas desempenha um papel muito importante na vida de um trader. Quando os negociantes encontram perdas, eles acreditam que é culpa deles e que há certas coisas que eles não conhecem, mas poderia impedi-los de ter perdas na próxima vez. Portanto, os negociantes saem e compram livros, leem fóruns de negociação por dias e semanas e assistem webinars comerciais sem fim, com o objetivo de reunir mais conhecimento sobre "como os mercados funcionam além de obras de negociação", ao passo que, na realidade, as perdas não ocorrem porque um trader sabe muito pouco. O viés de informação é, portanto, uma das principais razões para os traders saltarem de sistema em sistema e na busca interminável do tão sonhado *Santo Graal* na negociação.

Efeito Avestruz

Em geral: O efeito avestruz descreve o fenômeno de ignorar informações perigosas ou negativas e "enterrar" a cabeça na areia, como um avestruz. Fumantes viciados são um bom exemplo do efeito avestruz quando eles negligenciam o fato de que fumar causa câncer e uma variedade de doenças - mesmo quando confrontados com fotografias horríveis do lado de fora de maços de cigarros.

Na negociação: Quando os traders se encontram perdendo negócios, mas não podem aceitar que estão errados, eles vão se transformar em avestruzes. Para tentar ser mais espertos que o mercado e talvez transformar um negocio perdedor em um lucrativo, os negociantes, muitas vezes, tentar calcular a média para baixo, o que significa a adição de novas posições - isso é uma receita para o desastre. E outro erro de avestruz comum é ampliar ordens de stop loss para atrasar o fechamento da posição perdedora com a **esperança** de que o mercado possa virar a seu favor, isso é outra atitude destruidora de contas, e tem muita relação com o celebro reptiliano do ser humano, e o comportamento psicológico de evitar a dor.

Viés de Resultado

Em geral: O viés de resultado descreve o fato de que os seres humanos julgam uma decisão com base no resultado, ao invés de como a decisão foi tomada. Se você ganhar um monte de dinheiro de jogo e todo o seu patrimônio líquido vier disso, isso não significa que era uma coisa inteligente a fazer.

Na negociação: O viés de resultado é um efeito muito perigoso para os traders, pois pode levar a suposições erradas sobre como funciona a negociação. Se um trader abandona o seu plano de negociação e abre uma operação aleatória baseada no "instinto" ou adivinhação pura, mas encontra-se ganhando em uma operação, ele pode acreditar que não precisa de um plano de negociação e desenvolveu algum sentido sobre como os mercados se movem, ao passo que, na realidade, foi pura sorte. Portanto, nunca se desvie do seu plano de negociação e seja sempre fiel às suas regras de negociação, ou pode se arrepender em breve.

Excesso de Confiança

Em geral: Excesso de confiança descreve o fenômeno que

alguns seres humanos tem de ser muito confiante sobre suas habilidades, o que pode provoca-los a assumir riscos maiores em suas vidas diárias. Nas pesquisas, 84 por cento dos franceses estimam que eles estejam acima da média dos amantes (*Taleb*). Sem o viés de excesso de confiança, o valor deve ser exatamente a 50%.

Na negociação: Não importa onde você ouvir os operadores falando, você sempre terá a impressão de que 99% de todos os traders são milionários, surfando os mercados para cima e para baixo, ao passo que, na realidade, batendo no peito menos de 1% de todos os negociantes podem fazer lucros. Em um estudo de 2006, o pesquisador James Montier constatou que 74% dos 300 gestores de fundos profissionais pesquisados julgavam seu desempenho como acima da média e quase 100% acreditavam que seu desempenho no trabalho estava na média, ou melhor.

Viés de Auto reforço

Em geral: O viés de transmissão de auto reforço explica o efeito que todas as pessoas preferem falar sobre o sucesso mais do que sobre as falhas. Isto leva a uma falsa percepção da realidade e incapacidade de avaliar com precisão as situações.

Embora seja óbvio à maioria das pessoas há grandes empreendedores, como Tiger Woods, Mark Zuckerberg, Bill Gates, ou Steve Jobs, pessoas comuns não vão falar sobre suas falhas por que elas estão presas onde elas estão presas a crenças e orgulho do ego, achando que mostrar suas falhas é sinal de fraqueza.

Na negociação: O viés de transmissão de auto reforço pode ser encontrado especialmente onde os operadores oferecem e vendem estratégias de negociação, sistemas ou salas de negociação privadas.

Um estudo de 2012 por Heimer e Simon provou que os traders individuais são mais propensos a comprar e seguir um sistema se o vendedor fala positivamente e frequentemente sobre seu desempenho superior, mesmo sem verificar seu desempenho. Os traders que atuam como fornecedores podem, portanto, aumentar suas vendas para puramente compartilhar mentiras sobre o seu desempenho nas negociação.

Os seres humanos não são feitos para serem traders rentáveis

Como você pode ver a psicologia e pesquisa mostram que os seres humanos não são feitos para negociação, e segundo, o nosso sistema de crenças pode ser usado contra nós e por traders inteligentes que estão melhor preparados. A mensagem deste capitulo é que você deve estar ciente de como seu cérebro funciona quando está negociando, isso é um elemento-chave no caminho para um trader rentável e ajuda a evitar algumas das armadilhas mais comuns na negociação.

2. DICAS E SOLUÇÕES PARA VENCER

Dez recomendações para vencer no mercado

Não basta dissecarmos e identificar as falhas e armadilhas psicológicas, temos que traçar metas, criar planos, e apontarmos as soluções para cada problema a superar. Neste capítulos vamos escrever uma relação de recomendações, que podem ajudar se forem serem seguidas, para trilhar o caminho do sucesso como trader lucrativo e consistente por longos anos.

Educar-se

A maioria dos negociantes que estão lutando, cometem dois erros fundamentais:

1) Eles não conseguem se engajar em um processo de aprendizagem estruturado;

2) Eles tratam o processo de aprendizagem como "informação baseada" e não "com base nas habilidades".

O que quero dizer com esta última, é que você vai ouvir o seguinte mantra repetido muitas vezes, 'você pode aprender tudo sobre negociação na internet de graça'. Isso está em entender o que o processo de aprendizagem é.

Para se tornar um profissional bem sucedido (ou jogador de piano, ou o seu médico ou mecânico, ou artista marcial e até um piloto de avião), você não pode simplesmente ler e basear-se em 'informação', pior ainda, assistindo vídeos de 5 minutos no YouTube.

Se as informações só fossem a chave do sucesso, então cada pessoa que pirateia algum material de negociação seria trader bem sucedido. Todo mundo que tem lido todas as informações necessárias disponíveis em fóruns da internet estariam negociando com sucesso agora. No entanto, eles não estão, porque a equação é invertida.

Negociação tem de ser um processo de aprendizagem 'baseado em habilidade'. Você tem que treinar corretamente, e construir o seu conjunto de habilidades de negociação para negociar com sucesso."

Detalhes

Preste atenção aos detalhes ao fazer operações. Seja adaptável. Se você não consegue se adaptar, então o mercado vai comê-lo vivo.

O mundo gira, o universo está em movimento e as pessoas em conjunto, com isso tudo se altera ao longo do tempo sendo assim deve se adaptar as novas situações do mercado, nós analisamos os históricos dos instrumentos para tentar prever os movimentos, mas nunca é uma certeza absoluta, tudo é probabilidade um movimento passado dificilmente será idêntico aos novos no futuro, de um mercado altista e de euforia, podemos passar para um pânico rapidamente, e diante de tudo isso, você e seu sistema de negociação deve estar preparado para se adaptar se quer sobreviver em longo prazo, só sobrevivem os disciplinados e também os adaptáveis.

Demos não é o Bastante

Novos operadores pensam que apenas aprender a negociar em contas de demonstração é uma razão que poderá leva-los a serem bem sucedidos.

É como pensar que você pode se tornar um jogador profissional de golfe enquanto jogava uma simulação de golfe em sua sala de estar em seu console de videogame favorito sozinho. Você pode dominar o jogo de vídeo, mas você não está uma polegada mais perto de ser um jogador de golfe e assim que você entrar no campo real você irá falhar como esperado.

Você nunca terá as mesmas emoções, dúvidas, medos que negociar em uma conta real, com dinheiro de verdade pode gerar, as contas de demonstração devem ser usadas por curtos períodos de tempo e para realizar os testes de seu sistema, mas não fique achando que, porque está obtendo 90% de lucratividade em uma conta de demonstração isso é certeza que terá o mesmo desempenho na conta real, por isso, cuidado com a arrogância e a presunção ao entrar em uma conta real depois de lindas vitórias em uma conta demo, pode cair do cavalo rapidamente, e o mercado vai pisar em você, sem tempo de dizer socorro.

Consistência

Mesmo um burro pode conseguir uma operação vencedora, mas é preciso muito mais para fazê-lo de forma consistente. Entenda que não basta aprender a vencer uma operação ou algumas isoladas, a chave é a consistência em longo prazo, é melhor você ganhar 1% ao mês durante longos anos, do que 100% em um mês e no outro perder tudo. Esse aspecto é um dos que mais destrói e acaba com os traders iniciantes, por achar que realizaram uma operação ou algumas com lucros fantásticos como 40% no mês, poderão manter essa constância ao longo dos anos, costumo dizer que isso é bem pior do que quando um operador perde de inicio. O negociante que começa vencendo e tendo lucros fantásticos, vai elevar sua confiança às alturas sem antes ter a experiência necessária, e suas próprias emoções o traíram, esse comportamento é muito traiçoeiro, este negociante vai começar a ficar extremamente propenso a aumentar seu risco e vai se expor em demasia no mercado, quando mal perceber já está arriscando mais que 30% de sua conta e quem sabe até mais, até aquela mare de sorte passar e vir uma derrota, que destruirá sua conta, e pior, fará um estrago em sua autoestima, deixando-o traumatizado. Não permita que isso aconteça com você, dinheiro podemos recuperar rapidamente, agora os traumas superamos lentamente junto com a confiança que demora a se reestabelecer.

Não vá pela cabeça dos outros

Não acredite em nada que a indústria de negociação lhe diz para fazer. Esqueça todas as teorias econômicas - é tudo uma porcaria. Esqueça o que você aprendeu na escola (exceto matemática básica). Esqueça o que você disse a mamãe. Falhar é a única maneira de prosperar, aprenda com suas experiências, nada a substitui, é no campo de batalha que você vai forjar sua personalidade e carapaça para aguentar as pancadas do mercado, deve sim absorver conhecimentos com operadores, mentores e livros que podem te passar a experiências dos outros que vieram antes de você e estão no jogo há mais tempo, como este livro, por exemplo, que está lendo, mas tenha ciência! isso não é o bastante, vai cair algumas vezes antes de aprender a andar de bicicleta, existem pessoas que aprendem rápido, outras precisam de mais tempo, e os teimosos muito mais. Recomendo após qualquer erro cometido no mercado, pare e analise o porquê isso ocorreu, quais foram as ações geradoras, e como pode fazer para não acontecer novamente, até ajustar seu sistema de negociação para que ele ajude-o a prever essa situação, só assim você vai evoluir e alcançar a maturidade como trader.

Não invente moda

Não tente reinventar a roda. Aprenda a engatinhar primeiro, depois fique de pé, em seguida, ande, depois corra. Faça um plano com base na sua situação, então use seu plano de trabalho para alcançar seus objetivos, ficar inventado história só vai fazer você perder tempo, no mundo quase tudo já foi criado e hoje estamos na era da informações, das redes sociais, e do compartilhamento, existem até alguns que dizem que a grande maioria das obras, e inventos foram baseados em outros, e até os gênios se basearam em antecessores, então por que você vai ficar querendo inventar o novo *mega Power* sistema de negociação, sendo que já existe inúmeras técnicas e fundamentos comprovados que funcionam e foram usados por negociantes do passado com êxito, saiba que o famoso santo graal não existe, sabe por quê? Eu te falo, ninguém consegue prever o futuro, como aquele velho ditado popular "o futuro a Deus pertence", foi essa a conclusão que cheguei com os anos de mercado que tenho, única coisa que temos são as probabilidades, fato que até a física quântica vem provando isso. Na Física Quântica não existe certezas somente probabilidades de eventos acontecerem tudo dependendo do observador, mais isso é papo para outro livro.

Não pule a etapa da Conta Demo

Anteriormente informei que não é, porque teve sucesso na conta de demonstração, que vai de cara obter os mesmos resultados, mas isso não quer dizer que deve pular essa etapa.

Comece com uma conta de demonstração e aprenda a operar com segurança em primeiro lugar. É melhor queimar 5k de dinheiro virtual em um sistema louco ou operações impulsivas (ou até mesmo um mega comércio horrivelmente errado) do que queimar sua primeira conta real quando você ainda está muito envolvido emocionalmente em sua negociação e não domina as emoções que estarão presentes ao trabalhar com dinheiro real. Você acha que estou maluco, nas linhas acima disse que não é para você fiar negociando em conta demo certo? Mas pera ai, eu disse que você não deve é ficar muito tempo em conta demo, mas não deve pular essa etapa, ela é importante, para você se preparar no inicio, se ambientar com o mercado, os instrumentos, os movimentos, o dia a dia, etc. Fazendo uma analogia, é como um piloto de avião, ele vão vai direto para um avião real, primeiro vai passar por horas definias nos simuladores se familiarizando com os instrumentos, em conjunto com instrutores, só depois de passar por esta etapa e ser aprovado, ele vai pegar no avião, e mais, o instrutor estará a seu lado, acompanhando tudo, só depois de tudo isso, ele vai sozinho para o voo. Não existe queimar etapas, então, para ser um negociante vencedor e profissional, deve seguir este mesmo roteiro, é justamente neste ponto que a maioria, se arrebenta, por querer queimar etapas, e não ter paciência, querendo pegar logo no avião, sem ao mesmo saber onde fica os instrumentos e para que serve. Este é o verdadeiro sentido da conta demo, ficar nela durante um tempo. E te falo mais, se começar a cometer muitos erros e perder dinheiro, é altamente recomendado, você voltar para a conta demo, até encontrar o problema que está lhe fazendo perder dinheiro, caso contrário ira achar o problema no campo de batalha tomando flechadas, e perdendo dinheiro que é pior.

Tenha calma

É preciso pelo menos 10 anos para treinar um bom cirurgião,

o que faz pensar que você vai ser um profissional depois de seis meses? Não vai acontecer!, você precisa de tempo e quilometragem para alcançar a excelência, é um conjunto de fatores: teoria e prática, "horas de voo". Como descrevi nas linhas acima, você vai precisar de tempo para ficar bom, não adianta acelerar, você só vai gastar um caminhão de dinheiro até chegar a conclusão que seria mais barato ter calma, e ir de vagar, tenha em mente que um mau médico se errar mata seus pacientes, um engenheiro faz o prédio cair e um trader perde dinheiro e quebra sua conta, depois não diga que não te avisei.

Frieza e sistêmico

Não se case com uma operação por muito tempo, não negocie demais o chamado *"over trade"*, não abra uma operação porque você está entediado, e tente manter-se a par de todos os fundamentos. Mercados financeiros não são para brincar ou fazer lazer, existe milhares de negociantes, empresas, e nos últimos anos até Robôs de negociação, todos altamente preparados para ganhar o seu dinheiro na esquina dos gráficos, então não vá ao mercado para passar tempo, ou abrir operações porque você está sem paciência de esperar a configuração de seu sistema, se você tem um é claro. Siga-o, ele vai te guiar ao sucesso, foi testado, tem probabilidade a seu favor, então não saia dele, o que pode fazer é ir ajustando ao longo do tempo alinhado as condições dos instrumentos que negocia, se sair fora da linha, irá perder dinheiro com certeza.

Probabilidade

"FAÇA SUA PRÓPRIA CASA". Leve tudo com um grão de sal e traga toda a probabilidade para si mesmo. Basicamente faça o melhor trabalho que puder para aumentar suas chances de sucesso.

Isso é tudo que você pode realmente fazer neste jogo, use a probabilidade a seu favor, lembre-se que ninguém prevê o futuro, um economista é uma cartomante com calculadora, porque digo isso? Por mais informação e conhecimento que se tenha não há como prever o que irá acontecer no mercado futuro, todas as previsões são apenas conjunturas e análises probabilística, mas nada impede que as variáveis se alterem ao decorrer do tempo. Por isso não tente controlar o mercado, se fizer isso vai perder! Nunca se esqueça, é ele quem dita a regra siga-o! Ele não está nem ai com você.

Como se tornar um trader de elite instantaneamente

Neste capítulo vamos explorar ideias e conceitos extraídos de experiência e teoria, para ajuda-lo a entrar no time dos vencedores, e trilhar o caminho dos vencedores, usaremos a sabedoria que os grandes deixaram como legado para passar ao próximo estágio nas operações como trader, são dicas que seguindo corretamente já estará em vantagem, exploramos algumas armadilhas psicológicas e como os vencedores agem, trilhe o caminho dos campeões.

Insights sobre a mentalidade de super Traders

A especulação pareceria primeiramente ser uma das coisas mais fáceis na terra porque você pôde pensar em fazer o dinheiro apertando um botão de compra e outro de venda em algum instrumento de sua escolha. Apertar um botão pode ser aprendido por todos, mas continua a ser um mistério que fazer isso não traz dinheiro fácil.

Não é mais um segredo que a maioria dos traders perdem, os Prós e os novatos sabem disso. Aqueles que não fazem negociação também sabem disso.

Milhões de estilos comerciais e abordagens têm sido utilizados sob o céu, mas a maioria deles parece não estar funcionando. Por quê?

A resposta: Só você pode determinar se você vai se tornar um sucesso ou não. Alguns querem ter sucesso como trader, mas ficam enredados no que pode ser chamado de auto sabotagem.

Eles fazem exatamente o que parece satisfatório no curto prazo, mas que não pode ajudá-los em longo prazo.

Qual é então a saída?

Você simplesmente precisa aprender os *insights*, abordagens e pensamentos de super traders, e os grandes tubarões.

E quando você se adaptar e aplicá-los ao seu estilo de negociação, você vai achar mais fácil lidar com os caprichos do mercado de forma triunfante.

Isso ocorrerá quando usar boas estratégias, e que trabalham para você.

Boas estratégias não podem funcionar se você se aproximar do mercado com a psicologia comercial ilógica.

Decisões psicoemocionais

A análise matemática em pôquer, análise técnica e fundamental de preços e mercado é excelente em segundo plano, nada mais. Nós temos que pensar sobre outros participantes, e como eles estão analisando a situação e quais decisões estão tomando, por isso, a melhor opção é saber o máximo possível e sentir o mercado/jogo como eles.

No pôquer, por exemplo, o conhecimento de psicologia se revela em desempenho, mediante os jogos psicológicos com os adversários, blefes etc. Em análise fundamental de mercados, muitas vezes se aplicam os modelos psicológicos e amplamente, os métodos da análise psicológica social que estão complementadas perfeitamente com as tecnologias modernas de processamento de grandes volumes de dados. Em geral, estes modelos psicológicos e principais recomendações sobre os mesmos são semelhantes:

Tomar decisões baseadas na percepção coletiva e análise de modelos emocionais dos participantes, é uma ferramenta poderosa e avançada, que pode explorar, e se aprofundar nos estudos, devido ao fato que os mercados são puramente emocionais, devido ao comportamento humano;

Combater com os desvios psicológicos, tais como a negação de perdas, erros de planejamento e, especialmente, com o chamado "preconceito da confirmação", ou seja, vocação para confirmar sua opinião;

Atentamente e regularmente você deve aperfeiçoar sua resistência psicológica, analisar as suas práticas e as dos outros participantes, estudar os materiais didáticos e outros, realizar elaborações e pesquisas, tudo isso ajuda na sua preparação e aperfeiçoamento.

A Importância das Regras de Negociação

Os traders podem estabelecer limites onde eles definem diretrizes baseadas em seu relacionamento com risco-recompensa para quando eles forem sair de uma operação - independentemente das emoções. Por exemplo, se uma ação está sendo negociada por US $ 10, o trader pode optar por sair em US $ 10,25, ou em US $ 9,75 para colocar um stop loss ou limite de perda.

É claro que estabelecer metas de preços pode não ser a única regra. Por exemplo, o trader pode dizer se certas notícias, como ganhos positivos ou negativos específicos ou notícias macroeconômicas, é sinal de sair, então ele vai comprar (ou vender) uma ação. Pode definir que se um grande comprador ou vendedor entra no mercado, o operador pode querer sair.

Os traders também podem considerar a fixação de limites sobre o montante que ganhos ou perdas em um dia. Em outras palavras, se eles colherem um lucro de $ X no dia estarão prontos para finaliza-lo, ou se perderem $ Y eles dobram sua barraca e vão para casa. Isso funciona para os investidores, porque às vezes é melhor apenas "ir embora, e não perder mais, sabendo quando parar", como o melhor ditado diz, "e melhor um pássaro na mão do que dois voando".

Criando um plano de negociação

Os negociantes devem tentar aprender sobre sua área de interesse, tanto quanto possível. Por exemplo, se o trader lida fortemente e está interessado em ações de telecomunicações, faz sentido para ele tornar-se conhecedor sobre esse negócio. Da mesma forma, se ele negocia pesadamente em ações de energia, é bastante lógico querer se tornar bem versado nessa área.

Para fazer isso, comece por formular um plano para educar-se. Se possível, vá para seminários de negociação e participe de conferências com especialistas da área. E mais, faz sentido planejar e dedicar o máximo de tempo possível ao processo de pesquisa. Isso significa estudar gráficos, falar com a gerência (se aplicável), ler jornais comerciais ou fazer outro trabalho de fundo (como análise macroeconômica ou análise da indústria) de modo que quando a sessão de negociação começa o negociante está confortável com a ação. Uma riqueza de conhecimento poderia ajudar o trader a superar questões de medo em si, por isso é uma ferramenta útil.

É importante que o trader considere experimentar coisas novas de vez em quando. Por exemplo, considere o uso de opções para mitigar o risco, ou definir stop loss em um lugar diferente. Uma das melhores maneiras que um trader pode aprender é experimentando - dentro da razão. Esta experiência também pode ajudar a reduzir as influências emocionais e sem falar nos *backtests*, onde pode testar novas estratégias.

Finalmente, os negociantes devem periodicamente rever e avaliar o seu desempenho. Isso significa que eles não só devem rever seus retornos e suas posições individuais, mas também como eles se prepararam para uma sessão de negociação, quão atualizados estão nos mercados e como eles estão progredindo em termos de educação em curso, entre outras coisas. Esta avaliação periódica pode ajudar o trader a corrigir erros, o que pode melhorar seus retornos globais. Isso também pode ajudá-los a manter a mentalidade certa e a serem psicologicamente preparados para fazer as operações.

Muitas vezes é importante para um trader ser capaz de ler um gráfico e ter a tecnologia certa para executar suas operações, mas há muitas vezes um componente psicológico na negociação que não deve ser negligenciado. Defina regras de negociação, construa um plano, faça pesquisa e obtenha experiência, esses são todos os passos simples que podem ajudar você a superar essas pequenas questões de mente.

Recuperando foco em tempos de adversidade

Mantendo-se em controle de suas emoções é o fator mais importante e o que separa o vencedor do perdedor. No esporte, você notou como alguns jogadores colocam uma toalha sobre sua cabeça quando eles se sentam no banco, jogadores de tênis pegam suas raquetes e outros atletas nem sequer olham para o campo durante um pedido de tempo?

É importância para recuperar o foco, afastar-se da cena para obter uma nova perspectiva e uma visão mais clara.

Levantar-se e beber um copo de água, respiração profunda, e até mesmo fazer algum exercício físico, a meditação é uma excelente prática neste caso. Isso é um "flushing psicológica", porque leva o seu cérebro para fora do assunto completamente por um minuto ou dois. Depois você volta renovado e com uma nova visão.

Como traders, nós quase diariamente lidamos com decisões difíceis e como lidamos com o aspecto psicológico da negociação faz a diferença entre ganhar ou perder. Fazer uma má escolha depois de uma perda ou um movimento impulsivo depois de perder uma operação são apenas dois exemplos. Se você achar que é difícil lidar com as emoções, afaste-se de sua plataforma de trabalho depois de uma negociação. Apenas vá embora por 5 - 10 minutos, faça algo completamente diferente, outra coisa e quando voltar, você pode olhar para as coisas de uma maneira diferente.

Déficit de atenção e estar presente

Todos os dias somos bombardeados com notícias emocionantes, anúncios chamativos, as manchetes que chamam a atenção e histórias altamente inspiradoras. O que isto significa para as nossas mentes pode ser mortal para o alto desempenho. Estamos tão acostumados a ver coisas novas e emocionantes o tempo todo que se aborrecemos facilmente quando nada acontece, estamos à procura de distrações que, em seguida, muitas vezes leva-nos a cometer erros. Negociação não é sempre emocionante e às vezes os mercados simplesmente não fazem nada por horas ou mesmo dias.

Como você lida com essas situações é decisivo para seu destino como um trader. Os traders profissionais ficam focados, eles:

- 1 - analisam suas operações passadas;

- 2 - eles revisitam o seu plano de negociação ou revisam seus comércios. Ou, eles simplesmente vão embora e usam o seu "tempo livre" de uma forma mais criativa.

Por outro lado, o trader amador tenta criar excitação. Ele muda aleatoriamente através de prazos gráficos e mercados e tenta dar desculpas para ele mesmo, justificando que abrir uma operação seria a coisa certa a fazer.

Conheça os seus pontos fortes

Quase sem exceção, os campeões são especialistas cujos estilos emergem da profunda consciência de seus pontos fortes únicos, e que são extremamente hábeis em guiar a batalha nessa direção. Como você "encontrou" seu sistema de negociação atual?

Será que você comprou-o a partir de uma página da web? É um pacote de indicador que você se baixou em um fórum ou algo que você pegou em uma sala de chat?

Um sistema de negociação é uma coisa muito pessoal e ele tem que ser modelado em torno de seus pontos fortes e fracos. Examine a si mesmo: Você é paciente?

Buscando risco?

Você pode lidar bem com as perdas?

Você pode se concentrar por muito tempo sem a necessidade de uma pausa?

Você facilmente perde o controle uma vez que estiver em uma operação negativa ou pode lidar com as retrações tranquilamente? Torna-se óbvio rapidamente que os traders devem ajustar seus parâmetros de negociação de acordo com o seu próprio perfil.

Tamanho único não funciona!

Fazendo círculos menores

Os profissionais não usam técnicas extravagantes. Na competição, os que ganham são geralmente os que têm habilidades melhor afinadas e não é o único com a técnica mais criativa ou extravagante. Fazendo círculos menores descreve o conceito de escolher uma coisa e aprender tudo o que há para saber sobre isso - começando com os conceitos mais importantes e trabalhar seu caminho até o âmago da questão lentamente. Os negociantes muitas vezes saltam em torno de sistemas, procurando fantasia e novos indicadores e tentam usar sinais de entrada para abrir operações, achando que com isso terão alguma vantagem.

Em vez disso, você deve se concentrar em uma coisa de cada

vez. Identifique o seu maior problema e trabalhe nele. É realmente um cenário indicador 'impreciso' que o impede de ganhar ou é mais provável que a sua mentalidade e abordagem geral não está onde deveria estar? Tente entender e superar um obstáculo de cada vez e sempre se concentre em seus maiores desafios em primeiro lugar.

Você precisa desenvolver uma paixão, não só para as negociações, mas também para aprender e melhorar como um ser pessoal. Simplesmente, desfrute do seu tempo!

Maneiras de melhorar a sua rotina de Trading

Se a sua rotina de negociação atual consiste em coisas como habitualmente ficar verificando seu smartphone para ver onde sua operação está, enquanto toma um café bem forte para "compensar" as 5 horas de sono que teve na noite passada, isso tem a ver com sua rotina de negociação atual, ou a falta dela, é mais um constante estado de confusão e frustração do que uma rotina real, não significa que você não possa corrigi-la e seguir para o caminho d o sucesso nas negociações. As dicas a seguir irão ajudá-lo a construir ou ajustar a sua rotina de negociação para que possa ter a mentalidade confiante e pacífica necessária para ser um trader lucrativo.

Tenha pelo menos 7 horas de sono de qualidade por noite

O sucesso começa com o bom sono. Como consta nas páginas de *Entendimento do sono* no site do **NINDS** (Instituto Nacional de Distúrbios Neurológicos e Derrame), os adultos precisam entre 7 a 8 horas de sono por noite para funcionar corretamente no dia seguinte.

Você não pode "compensar" o sono se entupindo de cafeína ou qualquer outro meio; seu corpo acabará por forçá-lo a pegar no sono perdido e o tempo que você gasta em um déficit de sono será o tempo gasto com suas habilidades cognitivas prejudicadas e funcionando muito abaixo do seu melhor desempenho. Isso quer dizer que, você está tentando negociar no mercado, com um déficit de sono, isso não vai funcionar.

Talvez a primeira e mais importante forma de garantir uma rotina de negociação adequada é ter certeza que você tenha pelo menos 7 horas de sono por noite. Não beba café ou outras bebidas com cafeína, passado o meio da tarde. Tente chá em vez. Não fique até tarde acordado, porque você acha que pode dormir no dia seguinte.

Pesquisas comprovam que para nosso corpo funciona melhor quando vamos para a cama com o sol e acordar com o sol. Isto significa ir para a cama cedo e acordar cedo. Criar um ambiente de sono adequado. Normalmente, significa um quarto que é agradável (ou seja, não muito quente), escuro e silencioso.

Comece o dia com um pequeno-almoço saudável

Às vezes ouço as pessoas dizerem: "Eu não tenho tempo para café da manhã" ou "Eu não como café da manhã", e eu imediatamente sinto muito por eles, porque eles simplesmente não sabem o que a ciência diz sobre isso.

Pequeno-almoço, como diz o velho ditado, é a refeição mais importante do dia. Você acabou de acordar e dormiu (espero 7 a 8 horas) e seu corpo está esgotado do combustível que necessita para funcionar corretamente. Faça um esforço para ter um saudável café da manhã todos os dias; proteína, grãos integrais, algumas frutas, etc., obviamente, tudo que seu cérebro e corpo precisam para funcionar de forma eficaz e eficiente.

Beba um grande copo de água, logo que você acorda. Eu acho que a maioria das pessoas que eu conheço não faz isso. Beber água mantém-no hidratado e também ajuda a controlar o apetite entre as refeições, e uma vez que seu corpo é principalmente água, só faz sentido que você deva bebê-la mais do que qualquer outra bebida.

Faça exercícios serem um hábito

O exercício regular é basicamente a chave para estar motivado, alerta e focado em tudo na sua vida, incluindo a negociação. Eu, pessoalmente, noto uma diferença enorme em como eu me sinto quando não pratico exercícios e quando faço regularmente. Eles nos faz bem física e mentalmente, isso é obviamente crucial para desenvolvermos bons hábitos de negociação além de serem adequados para obter um bom desempenho.

Pode ser difícil manter uma rotina de exercícios consistente, mas sei que você sabe como é bom estar cheio de energia e saudável, de modo que as recompensas estão lá para reforçar a ação, você apenas tem que começar.

Começar é muitas vezes a parte mais difícil de qualquer coisa na vida, e essa é a realidade com os exercícios. Basta sentar-se e escrever uma lista de todas as coisas em sua vida que será significativamente melhorada com exercícios regulares, e certifique-se de adicionar "o desempenho como trader" a essa lista. O exercício regular irá mantê-lo focado e ele também ajuda a dormir tranquilamente à noite, como discutido acima, é fundamental para a função cognitiva adequada que obviamente é essencial para o sucesso não só como trader, mas em outras áreas da vida.

Ter passatempos / vida social (evitar tornar-se um viciado em negociação)

Uma coisa que você não quer é se transformar em um recluso na negociação. Você não quer ser aquele cara sentado em sua cueca na frente de seus gráficos, esperando que suas operações movam-se a seu favor e deixar que cada vitória ou perda influenciem na sua felicidade.

Trading é uma maneira de melhorar potencialmente a sua vida, mas não deve ser a sua vida. Para ter sucesso na negociação, você precisa ter interesses externos de modo que você descanse e evite o excesso de analise no mercado e também para que você se sinta feliz e confiante.

Se você não tem algum hobby atualmente, em seguida, encontre algum. Junte-se a alguns clubes, comesse a trabalhar fora, etc. Mesmo se seu passatempo é simplesmente sair com sua família, tudo bem, apenas não seja "o cara" que senta na frente de seus gráficos por horas a fio, porque eu garanto a você que isso não é bom para você nem para sua negociação.

Comece o seu dia de negociação à noite, ou antes, da semana começar

Certifique-se de planejar a semana e anotar/identificar os níveis chaves no gráfico no início da semana. Faça algumas notas sobre a tendência, possíveis operações potenciais que você vê e qualquer outra coisa, você deve ter sua própria opinião em relação ao mercado, não só ficar seguindo os gurus.

Como o famoso microbiologista francês Louis Pasteur disse uma vez, **"A sorte favorece a mente preparada"**.

Pense positivo

Uma atitude positiva é importante para manter a disciplina e aderindo a uma rotina de negociação. Você não pode ficar muito pra baixo depois de uma operação perdedora (ou muito depois de uma operação vencedora), você precisa ficar confiante e motivado. Desenvolva uma visão de longo prazo no que diz respeito à sua negociação e saiba que seu sucesso ou fracasso não é determinado por uma operação ou até mesmo um mês no mercado. É preciso uma grande série de negócios, tipicamente ao longo de um ano ou mais, para ver realmente o que o seu desempenho como trader é. Isso significa que você tem que manter a sua estratégia de negociação junto com um plano de negociação durante esse tempo para realmente vê-los trabalhando para você.

Domine sua estratégia de negociação

Isto pode parecer óbvio, mas se você não domina sua estratégia de negociação ainda, ou se você não tem uma, você não pode construir uma rotina de trabalho lucrativa. Muitos traders começam no caminho errado, porque eles realmente não têm um método de negociação definido ainda, em vez disso, eles têm uma miscelânea de diferentes métodos e "dicas" que leram aqui e ali, todas juntas transformam-se em uma coisa confusa e eles pensam 'isso é uma estratégia de negociação'.

Você precisa de uma estratégia de negociação que possa aprender e dominar e que faz sentido e ser simples. A estratégia de ação do preço (*price action*) é perfeita para construir um método com esse princípio porque é um método fácil de aprender mas altamente eficaz e você não vai precisar de quaisquer influências ou fatores externos; é um método autocontido, muito menos um monte de indicadores.

Aprenda a amar a rotina da disciplina

Disciplina, rotina e paciência são coisas que as pessoas normalmente veem como "chato" ou desinteressante, mas não deve ser olhado por esse angulo em tudo, especialmente no que diz respeito à negociação. Você tem que entender e aceitar estas coisas são como você ganha dinheiro no mercado. Uma vez que você visualizá-las à luz da "disciplina e rotina são rentáveis e gratificantes", elas vão ter um significado diferente para você.

Um dos maiores problemas que os negociantes enfrentam, é que eles estão pensando de forma inversa como eles devem ser na negociação. Ou seja, eles vão estar negociando e pensando ativamente sobre isso o tempo todo e absorvendo mais e mais informações sobre o mercado como se isso fosse ajudá-los a alcançar a lucratividade e consistência. Na realidade, e como expliquei, este não é o caso em tudo. Você tem que em certos momentos não estar no mercado e não interferir nas operações reais que estejam em situações rentáveis, isso é altamente recomendado.

Eventualmente, quando você mudar o seu pensamento e concordar com esta realidade, vai encontrar-se amando a disciplina, paciência e rotina de ser um profissional bem sucedido.

Pense 'simples'

Eu não estou pedindo que você ache que é 'simples' aqui, eu estou pedindo que você lembre-se que a simplicidade em todos os aspectos, se sua negociação é fundamental. Mas, essencialmente, a negociação é algo que é tão facilmente complicada por pessoas, que você precisa simplificar todos os aspectos do mesmo, para que não seja vítima do excesso de análise e de complicação da mesma. Tire do seu gráfico todos os indicadores, aprenda a operar com a ação do preço, simplifique o seu escritório de trader (você não precisa de quatro monitores) e facilite seu processo de negociação. Quando eu digo "*pensar simples*" Eu estou dizendo, que o simples é melhor no que diz respeito à negociação, não estou pedindo que seja ignorante em conhecimento. Pelo contrário, a negociação de uma forma simplista é entender que menos é mais em operações e trabalhar alinhado com essa crença, requer uma forma muito elevada de inteligência e autorreflexão.

Yoga, meditação e day trader

Se você ainda não sabe , ou não iniciou suas operações no mercado, saiba que o day trading é um negócio que exige muita disciplina, paciência e execução. Para ser um profissional neste campo, como qualquer outro, são necessárias muitas horas de dedicação, prática, dor e sacrifício. Da mesma forma que os atletas profissionais treinam seu corpo para maratonas, os comerciantes de dia precisam treinar suas MENTES para os mercados.

Acredito na noção de que um corpo saudável equivale a uma mente saudável, que por sua vez pode ajudá-lo a manter hábitos comerciais saudáveis.

Então, você pode estar se perguntando agora como isso se conecta ao dia de negociação. Bem, eu encontrei-me muito mais atento em minhas negociações depois de fazer meditação e neste caso a ioga é similar. Sendo mais paciente com a tomada de decisões, realizando negociações atentamente para minhas metas de lucro final e, em geral, sendo muito mais calmo e relaxado em meu processo que melhorou meu desempenho e, claro, em troca, isso melhora o desempenho ao vivo.

Olhe, no final do dia, todo negócio que eu tenho tem um plano de risco com um stop loss e uma meta de lucros, e estou sempre confortável com esse plano. Quando eu puxo o gatilho estou disposto a arriscar uma quantia X de dólares para fazer 3R+x. No entanto, quando uma ação não se move como você espera, depois de 20-30 minutos de picos erráticos e ação lateral, ela pode dar tempo a você adivinha seu comércio. Você pode começar a pensar "Eu tomei muito risco aqui?" "Eu perdi alguma coisa no gráfico?" "Talvez eu devesse diminuir". É aqui que a respiração e a atenção plena do Yoga e da meditação realmente me ajudaram.

Um trader impulsivo e estressado, poderia começar a cobrir e adicionar ações em cada pico e não respeitar totalmente seu plano original, mas descobri que, pensando na meditação e na yoga e apenas RESPIRANDO conscientemente, isso me trouxe de volta a um lugar de paz onde eu sei que essa operação tem 75% de chance de trabalhar a meu favor, estou confortável com o meu perfil de risco no comércio, e a recompensa vai superar em muito o risco que eu tomei para colocar o negócio.

Sim, o negócio funcionou. Levou mais de uma hora até que a venda de uma negociação veio e eu não posso deixar de pensar sem estar consciente da minha respiração, e sendo autoconsciente das minhas emoções e processo, eu posso ter avaliado esse negócio ou até mesmo perdido minha paciência depois 30 minutos. Naquele momento, percebi que tinha "hackeado" uma maneira de melhorar meu desempenho e convicção simplesmente respirando e sendo mais consciente de minhas emoções e processos.

Se você ainda não experimentou alguma forma de yoga,

recomendo muito. Como um day trader, ou mesmo um negociando de prazos mais longos, exigimos uma enorme quantidade de resistência mental e disciplina, que muitas vezes podem ser agregados de seu estilo de vida saudável e disciplinado fora de sua plataforma de negociação.

Obtenha ajuda de outros traders

Aprender as rotinas e abordagens de outros operadores é uma ferramenta de aprendizagem valiosa. Outras pessoas tiveram sucesso nesse trabalho antes de você e muitas pessoas que podem não ser bem-sucedida em operações ainda podem te ensinar muito, especialmente se você é um novato. É possível evitar muitos erros e pode aprender muito mais rápido se obtiver ajuda de outros operadores ou de um mentor de negociação.

Lembre-se; trabalhar como trader não deve ser um evento aleatório, sem estrutura ou abordagem sólida e com rotina por trás disso, se for por esse caminho vai acabar jogando todo seu dinheiro fora no mercado. Você precisa desenvolver sua própria rotina de trabalho que se encaixa com a sua agenda e personalidade, em seguida deve manter a mesma, com uma fria disciplina, de forma que possa colher os resultados. Além disso deve ter um tempo de amostragem, relevante de modo que você possa ter a oportunidade de fazer dinheiro com ela.

3. CONSELHOS DOS MESTRES

Jesse Livermore

"O mestre da especulação"

"Nunca compre uma ação porque ela teve uma grande queda desde sua última alta."

Jesse Livermore

Quem foi Jesse Livermore

Jesse Lauriston Livermore (26 de Julho de 1877 - 28 de Novembro de 1940) foi um notável especulador americano do início do século XX.

Considerado por muitos o melhor especulador da sua época ou mesmo de todos os tempos, embora não tenha sido a primeira celebridade do mundo da especulação, foi o mais famoso de seu tempo.

Jesse Livermore é o maior ícone da história de Wall Street. Saiu de casa aos 14 anos, com 5 dólares no bolso, e foi trabalhar numa corretora. Graças a seu notável talento natural, em pouco tempo se tornou um dos investidores mais bem sucedidos da história. Em 1907 reuniu uma fortuna de 3 milhões de dólares. Antes da quebra da bolsa de Nova Iorque (algumas fontes afirmam que após a quebra da Bolsa é que alcançou esta fortuna), em 1929, Livermore tinha 100 milhões, o que situava entre os homens mais ricos do mundo na época. Ao longo de sua vida, conquistou e perdeu 4 vezes fortunas multimilionárias. Em novembro de 1940, terminou sua vida de maneira trágica, ele suicidou-se[viii].

Recomendações

Abaixo reuni uma relação de seus melhores conselhos e recomendações que deixou ao longo do tempo para os novos operadores, tenha sabedoria e aprenda com os mestres, eles passaram a vida neste tipo de atividade e podemos extrair muitos ensinamentos valiosos:

1. Nunca opere baseado em dicas;

2. **Use um sistema** e não saia dele;

3. Nunca compre uma ação porque ela teve uma grande queda depois da sua última alta;

4. **Se uma ação não agir corretamente não a toque;** porque, não podendo dizer precisamente o que está errado, você não pode dizer para que lado ela irá;

5. **Não culpe o mercado pelas suas perdas;**

6. **Nunca aumente uma posição perdedora.** Uma posição se prolongando negativamente por muito tempo, significa que você está errado; Ações nunca estão muito altas para começar a comprar nem muito baixas para começar a vender. Mas depois da primeira transação, não faça uma segunda a não ser que a primeira mostre lucro;

7. **Sempre venda o que mostra um prejuízo** e mantenha o que está dando lucro;

8. **Não discuta com o mercado.** Não procure recuperar o prejuízo. Saia enquanto a saída é boa – e barata;

9. **Existe somente um lado no mercado financeiro.** E não é o lado *Bull* (alta) e nem o lado *Bear* (baixa), mas **o lado certo;**

10. O maior inimigo de um especulador é sempre o tédio.

11. Um homem deve sempre **confiar em si mesmo e no seu**

julgamento se ele espera ganhar a vida com essa profissão;

12. Sempre use **gerenciamento de capital;**

13. **Estabeleça o seu plano de trade** antes que o mercado abra;

14. Detalhe o seu plano para cada trade;

15. Estabeleça pontos de entrada e saída e entenda a relação **entre risco e recompensa;**

16. **Aceite pequenas perdas** como parte do jogo se você quiser vencer;

17. **Desenvolva um plano de trade para cada situação** que você pode vir a enfrentar;

18. Não se concentre no valor em que você empata quando estiver perdendo

19. Não liquide uma posição vencedora para manter uma perdedora;

20. **Desenvolva e mantenha um plano de saída.** Siga esse plano com rígida disciplina;

21. **Tenha paciência.** Grandes movimentos demoram a se desenrolar;

22. Não fique curioso demais sobre a lógica por trás de um movimento. **A chave para a fortuna no mercado é a simplicidade.**

W.D. Gann

"O mestre do tempo e do espaço no mundo dos gráficos, um mago, um gênio ou uma lenda."

"A geometria é uma ciência de todas as espécies possíveis de espaços."

Immanuel Kant

William Delbert Gann
(June 6, 1878 – June 14, 1955)

Quem foi W.D. Gann

O mestre do tempo e do espaço no mundo dos gráficos, um mago, um gênio ou uma lenda?.

Um matemático brilhante, W. D. O Gann é muito conhecido por suas habilidades analíticas precisas, ideias revolucionárias, e determinação rígida em criar um perfeito sistema de negociação. Dotado com uma grande capacidade de prever acontecimentos, ele compartilhou este talento raro de realizar previsões anuais sobre o mercado, e de movimentos importantes que viriam a ser exatas áreas de suporte e de resistência. Profeticamente, em 1929, ele mesmo advertiu os investidores de um choque iminente. O que viria a ser em setembro daquele mesmo ano, o famoso crash de 1929.

Abaixo você poderá ler as regras definitivas que Gann usava e seguia, segundo ele próprio, elas ainda são muito válidas para os dias de hoje. Não só para o mercado de commodities, em que Gann mais atuava, mas também para outros. Com o objetivo de realizar operações de sucesso no mercado de commodities, o operador precisa ter algumas regras e segui-las. As regras citadas abaixo são baseadas na experiência pessoal de Gann e não necessariamente quem as seguir terá sucesso.

Regras de Gann

1. Do total de capital que você tem para investir, divida-o em 10 partes iguais e nunca arrisque mais do que 10% dele em uma operação;

2. Utilize as ordens do tipo stop loss (corte de prejuízo)

de sua corretora. Sempre proteja uma operação com ordens 'stop loss' curtas, nunca pule fora de um prejuízo muito distante do preço inicial da posição;

3. Nunca alavanque demais suas posições. Se fizer isso, estará violando suas regras de capital;

4. **Nunca deixe um lucro virar prejuízo**. Assim que você obter algum lucro vá colocando sua ordem *'stop gain'* (stop de lucro) cada vez mais pra cima, perto da cotação atual do mercado. E se os preços baterem lá, deixe a ordem ser executada;

5. Não nade contra a tendência. Nunca compre ou venda se você não estiver certo da tendência e não estiver de acordo com que seus gráficos e regras dizem;

6. Na dúvida, pule fora. E não entre novamente enquanto estiver em dúvida;

7. Negocie apenas mercados ativos e líquidos. Mantenha-se distante de outros que não se mexem, sem liquidez nenhuma;

8. Distribua igualmente o risco. Se possível, negocie apenas 2 a 3 commodities ou instrumentos diferentes. Evite amarrar todo o seu capital em uma commodity/instrumento apenas;

9. Nunca coloque ordens de compra ou venda pendentes, ou tente depois ajusta-las. Negocie direto à mercado. Ou seja, compre na oferta de venda, e venda na oferta de compra;

10. Nunca encerre uma operação sem ter uma boa razão. Siga com sua ordem de *stop loss* ou de *stop gain* e proteja seus lucros;

11. Acumule algumas sobras. Depois de ter feito uma série de operações ganhadoras, coloque algum dinheiro numa conta a parte, para ser usada somente em emergências ou em horas de pânico;

12. Nunca compre ou venda apenas para "fazer um lucrinho rápido";

13. **Nunca faça preço médio quando estiver numa operação** que esteja dando prejuízo. Este é o pior dos erros que um investidor pode cometer;

14. Nunca saia do mercado simplesmente porque você já perdeu a paciência ou entre no mercado porque você está ansioso por operar;

15. Evite ter pequenos lucros e grandes perdas;

16. Nunca cancele uma ordem de stop loss depois que você já a colocou;

17. Evite ficar entrando e saindo do mercado a toda hora;

18. Esteja tão igualmente disposto a vender, assim como a comprar;

19. Torne seu objetivo em seguir a tendência, seja ela qual for, e com isso ganhar dinheiro;

20. Nunca compre uma commodity/instrumento simplesmente porque o preço está baixo, ou venda simplesmente por que está muito alto;

21. Seja cuidadoso ao fazer operações em forma de pirâmide na hora errada. Espere ate que a commodity/instrumento esteja muito ativa e tenha cruzado as zonas de resistência antes de comprar mais ou até ela ter rompido pra baixo realmente a zona de distribuição antes de você vender mais;

22. Selecione as commodities/instrumentos que mostrem uma forte tendência de alta para piramidar no lado da compra, e as que mostram uma definitiva tendência de baixa para vender descoberto;

23. Nunca faça 'hedge'. Se você está comprado em um tipo de commodity/instrumento e ela começa a cair, não venda outro tipo de commodity para se proteger da queda. Pule fora da posição, vendendo a mercado suas posições compradas. Aceite suas perdas e espere por outra oportunidade;

24. Nunca mude sua posição no mercado sem uma boa razão. Quando você faz uma operação, que seja por uma boa razão ou de acordo com alguma regra definitiva; então não saia sem uma forte indicação de mudança na tendência;

25. Evite aumentar suas operações após um longo período de sucesso ou de operações com lucro;

26. Não adivinhe aonde é o topo do mercado. Deixe o mostrar o topo. Não tente adivinhar quando o mercado fará um fundo. Deixe ele mostrar aonde é o fundo. Seguindo regras, você consegue realizar isso;

27. Não siga o conselho de outra pessoa a menos que você saiba que esta pessoa saiba mais que você;

28. Reduza suas operações depois da primeira perda; nunca as aumente;

29. Evite entrar errado e sair errado; ou entrar certo e sair errado; isto é um erro duplo;

Legado de Gann

Para muitos especialistas do mercado, os conceitos de W. D. Gann, soam até hoje como exotéricos, como em sua época, sobre sua aura soa certo mistério em relação a suas técnicas, e até existe questionamentos se ele realmente teve sucesso no mercado, hoje seus descendentes, promovem seu legado e colhem os louros da literatura e de suas patentes. Tanto que a maioria das plataformas de operação possuem os tipos de indicadores de Gann.

Vou me limitar a exemplificar alguns gráficos que usava na época, mas não entrarei em detalhes profundos, isso demandaria um livro inteiro dedicado a suas técnicas, que envolviam desde geometria, tempo e espaço, dentre outros conceito. Ele até em sua vida visitou as pirâmides do Egito buscando respostas aos padrões de mercado, provavelmente estas viagens também reforçaram sua crença na geometria. É irrefutável que assombrosamente suas previsões e seus modelos geométricos de tempo e espaço aplicado aos gráficos possuem incrível precisão nas previsões.

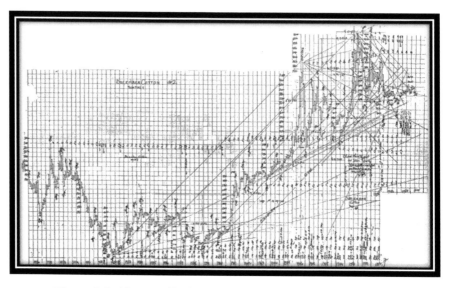

Figura 1 Gráficos e cálculos usados por Gann em sua época

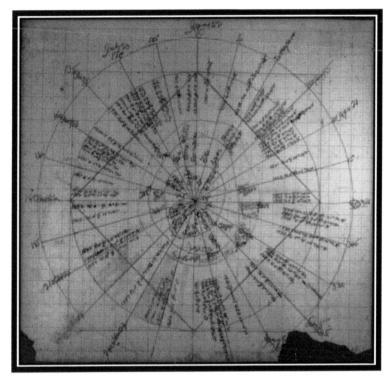

Figura 2 Gráfico de Gann para calculo Probabilístico e previsões

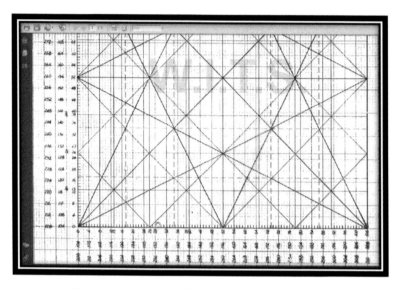

Figura 3 Gráfico usado na metodologia de Gann

45°										90°										135°
	307	308	309	310	311	312	313	314	315	316	317	318	319	320	321	322	323	324	325	
	306	241	242	243	244	245	246	247	248	249	250	251	252	253	254	255	256	257	326	
	305	240	183	184	185	186	187	188	189	190	191	192	193	194	195	196	197	258	327	
	304	239	182	133	134	135	136	137	138	139	140	141	142	143	144	145	198	259	328	
	303	238	181	132	91	92	93	94	95	96	97	98	99	100	101	146	199	260	329	
	302	237	180	131	90	57	58	59	60	61	62	63	64	65	102	147	200	261	330	
	301	236	179	130	89	56	31	32	33	34	35	36	37	66	103	148	201	262	331	
	300	235	178	129	88	55	30	13	14	15	16	17	38	67	104	149	202	263	332	
	299	234	177	128	87	54	29	12	3	4	5	18	39	68	105	150	203	264	333	
0°	298	233	176	127	86	53	28	11	2	1	6	19	40	69	106	151	204	265	334	180°
	297	232	175	126	85	52	27	10	9	8	7	20	41	70	107	152	205	266	335	
	296	231	174	125	84	51	26	25	24	23	22	21	42	71	108	153	206	267	336	
	295	230	173	124	83	50	49	48	47	46	45	44	43	72	109	154	207	268	337	
	294	229	172	123	82	81	80	79	78	77	76	75	74	73	110	155	208	269	338	
	293	228	171	122	121	120	119	118	117	116	115	114	113	112	111	156	209	270	339	
	292	227	170	169	168	167	166	165	164	163	162	161	160	159	158	157	210	271	340	
	291	226	225	224	223	222	221	220	219	218	217	216	215	214	213	212	211	272	341	
	290	289	288	287	286	285	284	283	282	281	280	279	278	277	276	275	274	273	342	
325°	361	360	359	358	357	356	355	354	353	352	351	350	349	348	347	346	345	344	343	
										270°										225°

Figura 4 Tabela de Calculo de Gann

Esta tabela é usada tipicamente no conceito de Gann, para calcular as previsores dos gráficos baseadas no tempo e nos graus.

Figura 5 Indicador Gann

Neste gráfico apresentamos um exemplo do indicador Gann, presente em muitas plataformas de negociação nos dias atuais. O mesmo se baseia nos conceitos de cálculos deixados por Gann.

Richard Wyckoff

"Um dos primeiros sistematizadores"

"Ouvir o que o mercado está dizendo sobre os outros, Não o que os outros estão dizendo sobre o mercado."

Richard Wyckoff

Quem foi Richard Wyckoff

Richard Demille Wyckoff (2 de novembro de 1873 - 19 de março de 1934) foi uma autoridade no mercado de ações, fundador e editor da Revista de Wall Street (fundador em 1907) e editor da *Stock Market Technique.*

Wyckoff implementou seus métodos nos mercados financeiros, e cresceu sua conta de tal modo que em pouco tempo já possuía uma mansão enorme ao lado da zona industrial da General Motors, Alfred Sloan Estate, em Great Neck, Nova York.

Foi um grande profissional e um pioneiro da análise técnica. Com base em suas teorias, estudos e experiências da vida real, Wyckoff desenvolveu uma metodologia de negociação que tem resistido ao teste do tempo.

Wyckoff começou com uma avaliação ampla do mercado e, em seguida descia nos detalhes para encontrar ações com maior potencial de lucro. É importante compreender a ampla tendência do mercado e a posição dentro dessa tendência antes de selecionar ações individuais.

Richard Wyckoff iniciou a sua carreira de Wall Street em 1888 como um corredor correndo entre as empresas com documentos.

Tal como aconteceu com Jesse Livermore nas *bucket shops*[ix], Wyckoff aprendeu a negociar assistindo os movimentos das ações. Sua primeira operação ocorreu em 1897, quando ele comprou uma cota de ação ordinária St. Louis e San Francisco. Após negociar com sucesso sua própria conta por vários anos, ele abriu uma corretora e começou a publicar pesquisas em 1909. A Revista de Wall Street foi um dos primeiros e mais bem sucedidos, boletins na época. Como um trader ativo e analista no início de 1900, sua carreira coincidiu com outros grandes nomes de Wall Street, incluindo Jesse Livermore, Charles Dow e JP Morgan. Muitos chamaram essa época de "idade de ouro da análise técnica". Como sua estatura cresceu, Wyckoff publicou dois livros sobre sua metodologia: *Estudos em Leitura Tape* (1910) e *Como eu Negocio e Invisto em ações e títulos* (1924). Em 1931, Wyckoff publicou um curso por correspondência detalhando a metodologia que desenvolveu ao longo da sua ilustre carreira.

Regras de Wyckoff

Wyckoff focava exclusivamente na ação do preço. Lucro e outras informações fundamentais eram simplesmente muito esotéricas e imprecisas para poder ser utilizada de forma eficaz. Estas informações eram geralmente incorporadas no preço no momento em que se tornou disponível para o especulador médio. Antes de olhar para os detalhes, há duas regras para manter em mente. Essas regras vêm diretamente do livro, *Traçar o Mercado de Ações: O Método Wyckoff*, por Jack K. Hutson, David H. Weiss e Craig F. Schroeder.

1. Não espere que o mercado se comporte exatamente da mesma forma duas vezes. O mercado é um artista, não um computador. Tem um repertório de padrões básicos de comportamento que se modifica sutilmente e se combina inesperadamente. Um mercado de negociação é uma entidade com uma mente própria.

2. O comportamento do mercado de hoje é significativo

apenas quando ele é comparado com o que fez ontem, na semana passada, no mês passado, ainda no ano passado. Não existe pontos pré-determinados, nem níveis em que ele sempre muda. Tudo o que o mercado faz hoje deve ser comparado ao que fazia antes. Em vez de regras firmes, Wyckoff defendeu orientações gerais quando se analisa as ações. Nada no mercado de ações é definitivo. Afinal, os preços das ações são movidos por emoções humanas. Não podemos esperar que exatamente os mesmos padrões se repitam ao longo do tempo. Haverá, no entanto, padrões semelhantes ou comportamentos que grafistas astutos vão lucrar com esses. Analistas gráficos (Grafistas) devem manter as seguintes diretrizes em mente e, em seguida, aplicar os seus próprios juízos para desenvolver uma estratégia de negociação.

Modelo de Mercado segundo Wyckoff

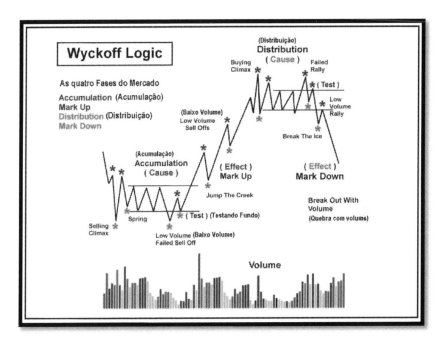

Figura 6Mercado segundo Wyckoff

Mercado de Tendência

Por definição, a grande maioria das ações se movem em harmonia com o mercado mais amplo. Grafistas, portanto, devem primeiro entender a direção e a posição da ampla tendência do mercado. Com isto em mente, Wyckoff desenvolveu um "gráfico de onda", que foi simplesmente uma média composta de cinco ou mais ações. Nota-se que Charles Dow desenvolveu o Dow Jones Industrial Average e Dow Jones Transportation Average, por volta do mesmo tempo. Enquanto o *Dow Industrials* é talvez o mais famoso "gráfico de onda" hoje.

Escolha entre vários índices para analisar o mercado em geral. Estes incluem o S & P 500, o S & P 100, o Nasdaq, o *Composite* NY e o Russell 2000. Wyckoff utilizava a alta e baixa diária e criava uma série de barras de preços e construí-a um gráfico de barras clássico.

O objetivo era determinar a tendência subjacente para o mercado mais amplo e identificava a posição dentro dessa tendência. A tendência é importante porque nos diz o caminho de menor resistência para a maioria das ações que compõem o índice, também é importante porque nos diz o local atual dentro desta tendência. Por exemplo, a posição da tendência ajuda grafistas a determinar se o mercado está sobre comprado ou sobre vendido e a tomar a decisão de comprar ou vender. Há três possíveis direções da tendência: para cima, para baixo ou lateral. Há também três prazos diferentes: em curto prazo, médio prazo e longo prazo. Gráficos diários são utilizados para a tendência de médio prazo. Uma tendência de alta está presente quando o índice composto forma uma série de crescentes picos e depressões crescentes. Por outro lado, uma tendência de baixa está presente quando o índice forma uma série de picos e depressões de queda. Uma série de depressões e picos iguais formando uma faixa de negociação. Analistas gráficos devem, então, esperar por uma pausa a partir desta região para determinar a direção da tendência.

Há quatro áreas chaves do método Wyckoff de identificação das tendências, padrões de reversão, projeções de preços e posição de tendência. Identificando a tendência correta é metade da batalha porque a maioria das ações movem-se em conjunto com a ampla tendência do mercado. Esta tendência continua até que uma das principais ações formar padrão superior ou inferior. Jogadores agressivos podem agir antes que esses padrões de reversão estejam completos, mas a tendência existente não reverte oficialmente até o preço quebrar um suporte ou resistência chave com um bom nível de volume. Uma vez que a parte superior ou inferior estiver concluída, analistas podem usar um método de contagem horizontal nos gráficos para projetar o comprimento do avanço ou declínio que se seguiu.

A tendência é considerada madura para uma reversão quando os preços atingirem estas áreas alvo. Desde que a tendência tem ainda mais espaço para correr, analistas podem então determinar a posição dos preços dentro desta tendência para garantir uma relação risco recompensa saudável ao tomar posições. Deve-se evitar novas posições compradas quando o mercado está sobre comprado e evitar novas posições curtas (*vendidas*) quando o mercado está sobre vendido. Como observado no início, estas são orientações gerais para a interpretação dos movimentos do mercado. O julgamento final é com você.

Exemplos de Mercado em Tendência

Figura 7 Tendência de Alta

Figura 8 Tendência de Baixa

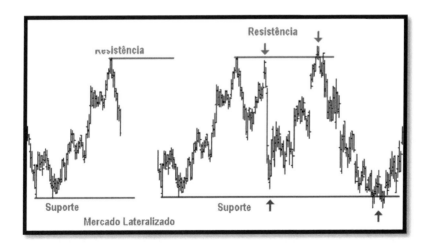

Figura 9 Mercado Lateralizado

Ed Seycota

"Simplesmente o pai dos sistemas automatizados por computador"

"Os sistemas não precisam ser alterados. O segredo para um trader é desenvolver um sistema com o qual ele é compatível"

Ed Seykota

Quem é Ed Seycota

Edward Arthur Seykota (nascido em 7 de agosto de 1946) foi um trader de commodities, que se graduou como bacharel em ciências em 1969. Em 1970, ele foi pioneiro na negociação de sistemas, usando computadores com cartões perfurados para testar ideias sobre a negociação nos mercados. Seykota residiu em Incline Village, Nevada, na costa norte do Lago Tahoe, mas recentemente mudou-se para o Texas.

Seykota em 1970 foi pioneiro de um sistema de negociação informatizado (agora conhecido como sistema de negociação ou "*Trade System*") para o mercado de futuros na corretora *brokerage house* onde ele e Michael Marcus estavam trabalhando. Mais tarde, ele decidiu se aventurar por conta própria e gerenciar algumas das contas de seu cliente.

Grande parte do sucesso da Seykota foi atribuída ao desenvolvimento e utilização de sistemas de negociação informatizados para os quais ele primeiro testou em um computador IBM mainframe. Mais tarde, a corretora para a qual ele vinha trabalhando adotou seu sistema para seus negócios.

Seu interesse em criar um sistema computadorizado foi gerado depois que ele leu uma carta de *Richard Donchian* sobre a utilização de sistemas de tendência mecânica utilizados na negociação e também o sistema de média móvel **Donchian de 5 e 20 dias**. Ele também foi inspirado pelo livro *Reminiscences of a Stock Operator* de Edwin Lefèvre. Seu primeiro sistema comercial foi desenvolvido com base em médias móveis exponenciais.

Regras de Seycota

As regras de Ed Seycota são extremamente simples mais poderosas, elas resumem a chave e segredo do sucesso nas operações e negociação nos mercados.

Vejamos em detalhe:

1. Monte e fique com suas operações vencedoras;

2. Corte suas perdas;

3. Gerencie seu risco;

4. Usar paradas (*stop-loss*);

5. Monte e siga um sistema (*Trade System*);

6. Não ligue para as notícias.

Ele é uma lenda que ainda está entre nós, pode ser encontrado em seu web site. *http://www.seykota.com/tribe/essentials/card.htm.*

É um negociante bem humorado, ele recita seu sistema em forma de musica, mostrando que o mesmo é extremamente simples de ser seguido, você também pode assistir Seykota cantar o seu sistema em seu site, ou em diversos vídeos do Youtube ™.

Sistema com médias moveis:

Figura 10 Exemplo de sistema de médias móveis

Bruce Kovner

"O fundamentalista"

"Sucesso nas commodities é trabalhar duro e gerenciamento de risco"

Bruce Kovner

Quem é Bruce kovner

Bruce Stanley Kovner (nascido em 1945) é um investidor americano, gerente de fundos de hedge e filantropo. É Presidente da *CAM Capital*, que estabeleceu em janeiro de 2012 para gerenciar suas atividades de investimento, negociação e negócios. De 1983 a 2011, Kovner foi fundador e presidente da *Caxton Associates*, LP, uma empresa comercial diversificada.

Kovner é presidente do Conselho de Administração da Juilliard School e vice-presidente do Lincoln Center for the Performing Arts. Ele também atua nos Conselhos da Metropolitan Opera, American Enterprise Institute e Synta Pharmaceuticals.

Ele trabalhou em campanhas políticas, estudou o cravo, foi escritor e um motorista de táxi. Foi durante a última ocupação, não muito tempo depois de seu casamento com a ex-esposa Sarah Peter, que ele descobriu o mercado de commodities.

O primeiro negócio de Kovner foi em 1977 por US $ 3.000, emprestado do cartão MasterCard, em contratos de futuros de soja. Percebendo o crescimento para US $ 40.000, ele então assistiu o contrato cair para US $ 23.000 antes de vender. Mais tarde, ele afirmou que esta primeira experiência, lhe ensinou a importância da gestão de risco.

Em seu papel eventual como trader sob o comando de Michael Marcus na *Commodities Corporation* (agora parte de Goldman Sachs), supostamente fez milhões e ganhou o respeito difundido como um trader objetivo e sóbrio. Isso levou ao estabelecimento da Caxton Associates, em 1983, que no seu auge geriu mais de US $ 14 bilhões em capital e foi fechada a novos investidores desde

1992.

Em setembro de 2011, Kovner anunciou sua aposentadoria de sua posição como CEO em Caxton, sucedido por Andrew Law.

Kovner estabeleceu <u>CAM Capital</u> em janeiro de 2012 para gerenciar suas atividades de investimento, comércio e negócios.

Kovner fundou a Fundação Kovner em 1996 para apoiar as organizações que promovem a excelência nas artes e na educação, as iniciativas que defendem a iniciativa privada e protegem os direitos individuais e os estudos acadêmicos e pesquisas que fortalecem os princípios democráticos americanos.

Kovner tem contribuído amplamente para causas conservadoras. Em janeiro de 2012 ele doou cerca de US $ 500.000 a causas filantrópicas, apoiou a campanha presidencial de Mitt Romney. Ele é o ex-presidente do conselho de curadores do American Enterprise Institute. Seus conhecidos próximos incluem o ex-vice-presidente Dick Cheney, figuras neoconservadoras Richard Perle e James Q. Wilson. Anteriormente, era um dos patrocinadores do conservador Manhattan Institute e tinha investido no jornal diário The New York Sun.

Sua mansão da Quinta Avenida em Nova York, a Casa Direita de Willard D., apresenta uma sala com revestimento de chumbo para proteger contra um ataque químico, biológico ou sujo.

Legado e prêmios

Em 2008, ele foi introduzido no Hall of Fame da Institutional Investors Alpha Hedge Fund Manager, juntamente com David

Swensen, Louis Bacon, Steven Cohen, Kenneth Griffin, Paul Tudor Jones, George Soros, Michael Steinhardt, Jack Nash, James Simmons, Alfred Jones, Leon Levy, Julian Robertson e Seth Klarman.

Regras de Bruce

As principais orientações que podemos extrair estudando a biografia de Kovner são:

1. Trabalho duro: Kovner acredita que se você não trabalhar duro dificilmente será um trader competente;

2. Erros: Traders tem que estar dispostos a cometer erros. Não tem nada de errado em cometer erros;

3. Treinar traders: Kovner acredita que é possível treinar traders a serem bem sucedidos;

4. Analise técnica vs. Analise fundamentalista: Sem dúvida alguma Kovner é um cara fundamentalista que olhava para o gráfico confirmar o cenário que estava esperando. Kovner faz a analogia do médico com o termômetro;

5. Juros compostos: Para Kovner a chave são retornos consistentes em longo prazo, para que os juros compostos façam sua mágica;

6. **Seu principal Conselho: A coisa mais IMPORTANTE é o gerenciamento de risco.**

Posfácio

Neste livro você conheceu as principais implicações, emoções e situações que vai ter que superar e dominar para ter sucesso no mercado financeiro.

Não basta simplesmente conhecer a matemática e a analise técnica, a psicologia é o diferencial que separa os vencedores dos que estão lutando para sobreviver.

Como não basta apontar os problemas, é importante planejarmos e pensarmos nas soluções, por isso elaboramos inúmeras soluções que você pode seguir para superar os desafios psicológicos.

Também pode conhecer um pouco da história, técnicas e regras de alguns grandes mestres do mercado, sempre é bom aprendermos com os grandes do passado e aproveitar suas experiências para que possamos não cometer os mesmos erros e seguir os passos do sucesso.

Espero com esse leque de informações ajuda-lo em sua formação como trader e colaborar com seu avanço nessa trajetória.

Desejo sucesso e que tenha perseverança, o segredo é a persistência, nunca desistindo de seus sonhos.

Sobre o Autor

Sandro Santos tem formação em tecnologia da informação, contemporâneo, dos computadores pessoais, Nos últimos anos vêm atuando nos mercados financeiros como Bolsa de Valores e Forex, além de iniciativas no inovador mundo das criptomoedas. Além de possuir inúmeras iniciativas no campo do empreendedorismo.

Na medida do possível procura produzir material educativo voltado à área de inovação e dos investimentos, e é um incansável e apaixonado pela tecnologia e o conhecimento.

Tem como um dos princípios e valores a colaboração e a disseminação da informação.

Próximo Passo

Caro leitor, no próximo volume da série, você ira aprender tudo sobre a rotina de day trader, que são as operações onde você abre e dentro de uma sessão e almeja realiza-las no mesmo dia, e assim, fazer lucros diários, isso é o day trader, neste volume, iremos abordar uma relação de dezenas de regras que deve seguir para ter sucesso desta forma de atuar no mercado, seja bolsa de valores , Forex, ou qualquer outro, se deseja ter sucesso nestas negociação diárias este volume é fundamental, principalmente devido ao fato que estas negociações exige uma agilidade e frieza maior , e tendo regras claras e testadas que funcionam você minimiza a pressão, sabendo que pode confiar nelas. Espero que nos encontremos no próximo livro

Querido leitor, agradeceríamos seus comentários e recomendações na loja onde adquiriu o livro, suas mensagens são valiosos para nós. Estamos sempre produzindo conteúdos de qualidade para você.

Notas de Referência

---

[i] Trade System no inglês, refere-se a desenvolver um sistema de negociação, especializado com regras e definições para que o trader/operador siga as regras de forma similar sem agir aleatoriamente.

[ii] *Insider* é uma expressão em inglês para uma pessoa que tem acesso à informações privilegiadas nas empresas.

[iii] Excesso de negociação é o comportamento negativo de se negociar muito levando a possíveis erros de operação e de forma descontrolada.

[iv] Definir um ponto de parada, onde se deve fechar e assumir a perda, evitando maiores prejuízos, caso o mercado se volte contra a operação aberta.

[v] É a técnica de se negociar analisando apenas a ação do preço, ou os movimentos e padrões que o mesmo faz no gráfico, sem indicadores ou outros recursos, apenas orientando-se por suportes, resistências, etc.

[vi] Menor unidade em um gráfico ou do preço, utilizado no mercado de forex.

[vii] NFP, Nonfarm Payroll', Folha de pagamento não-agrícola é um termo usado nos EUA para se

referir a qualquer trabalho, com exceção do trabalho agrícola, trabalho autônomo não-incorporado e emprego por domicílios particulares, organizações sem fins lucrativos e agências militares e de inteligência. Fonte: https://www.investopedia.com

viii Fonte: Wikipédia, a enciclopédia livre.

ix Tipo de Corretora do inicio do século que de certa forma "jogava", contra o investidor e não possuía regras claras.

x http://www.camcapital.com/

Printed in Great Britain
by Amazon